基础教育课程创新实践与教师专业发展丛书
安徽省高校优秀青年人才支持计划一般项目研究成果（gxyq2017226）

# 英语教学研究方法概论

张 静 著

中国科学技术大学出版社

## 内 容 简 介

本书为安徽省高校优秀青年人才支持计划一般项目(gxyq2017226)的研究成果，按照"科研方法＋案例分析"的思路，介绍了英语教学中常用的科研方法，包括问卷调查法、访谈法、实验研究法、个案研究法、行动研究法、观察法、叙事探究法、元分析法、内容分析法等9种科研方法，并给出了相应的案例分析。本书通过丰富的案例来阐释理论概念，深入浅出，便于读者理解和思考。本书的出版有助于英语教师系统地了解英语教学中的科研方法，为英语教师开展基于教学实践的研究、丰富教学研究知识并自主发展奠定坚实的基础。

本书适合英语教师阅读参考。

**图书在版编目(CIP)数据**

英语教学研究方法概论/张静著. ——合肥：中国科学技术大学出版社，2021.8
(基础教育课程创新实践与教师专业发展丛书)
ISBN 978-7-312-05187-6

Ⅰ.英… Ⅱ.张… Ⅲ.英语课—教学研究—中小学 Ⅳ.G633.412

中国版本图书馆 CIP 数据核字(2021)第 066786 号

**英语教学研究方法概论**
YINGYU JIAOXUE YANJIU FANGFA GAILUN

| | |
|---|---|
| 出版 | 中国科学技术大学出版社<br>安徽省合肥市金寨路96号,230026<br>http://press.ustc.edu.cn<br>https://zgkxjsdxcbs.tmall.com |
| 印刷 | 安徽省瑞隆印务有限公司 |
| 发行 | 中国科学技术大学出版社 |
| 经销 | 全国新华书店 |
| 开本 | 710 mm×1000 mm 1/16 |
| 印张 | 10 |
| 字数 | 202千 |
| 版次 | 2021年8月第1版 |
| 印次 | 2021年8月第1次印刷 |
| 定价 | 35.00元 |

# 序

2007年9月,我迎来了4位研究生新生,其中一位是来自安徽的张静,她的专业是课程与教学论(英语)。当时,张静给我的第一印象是长得比较清秀。随着我们的交流、讨论渐多,我发现她在学习上非常认真、非常刻苦、非常踏实。我还发现她心地非常善良,能与同学友好相处。给我印象最深的是,有一年凭成绩排名,她可以拿到奖学金。当她得知排在她后面的同学家境比较困难,便主动放弃了奖学金,这样那位家境比较困难的同学拿到了奖学金。不仅如此,她有很强的科研意识,当时学校并没有发表论文的要求,她主动探索,刻苦钻研,在读研期间公开发表4篇论文,其中两篇在本科院校学报发表,这是非常难能可贵的。

2010年6月,张静顺利完成了研究生学业,并获得硕士学位。毕业后,就职于阜阳职业技术学院。工作后,她一如既往,在各个方面没有丝毫的松懈,在专业研究上沿续读研期间的主动探索、刻苦钻研的精神。我不时听到她的好消息,为她感到高兴。经过10年努力,她先后发表论文20余篇;先后主持省级项目7项、校级项目1项,参与省级重点项目2项;先后被评为校优秀教师、校优秀党员、市级优秀党务工作者等。

张静深知,无论是在英语教学中研究(research in English teaching),还是对英语教学进行研究(research on English teaching),还是为了英语教学进行研究(research for English teaching),都离不开研究方法,这给了她申请项目的灵感。2017年,张静成功申报安徽省高校优秀青年人才支持计划一般项目(gxyq2017226)。为了按时保质完成这个项目,2018年9月至2019年6月,张静赴上海外国语大学访学,师从陈坚林教授。陈坚林教授的悉心指导,拓宽了她的学术视野,为撰写《英语教学研究方法概论》打下了坚实的基础。经过数年的努力,本书终于成形,可喜可贺,但这一过程中的酸甜苦辣只有她自己最清楚,是非常不容易的。本书全书共计10章,按照"科研方法+案例分析"的基本思路写作,研究方法部分包括问卷调查法、访谈法、实验研究法、个案研究法、行动研究法、观察法、叙事探究法、元分析法和内容分析法。案例分析部分使得英语教学研究更具有可操作性和科学性。

  本书对9种英语教学研究方法的概念、特点、种类、优缺点、设计与实施、数据分析、报告撰写及案例进行了系统的论述,强调英语教学研究的合理化和科学化,是张静长期从事英语教学理论和实践研究的成果。目前,市场上关于英语教学研究方法的书籍,有的侧重理论,有的侧重实践,有的强调方法,有的强调技巧。本书和同类书籍的不同点在于它把英语教学研究方法的理论与实践结合起来,特别是在研究设计实施及报告撰写层面,对具体操作步骤进行了详细的论述,可操作性和实用性强;在理论部分,没有生涩难懂的术语,力图层次清晰、简洁易懂;还采用了多种现代化手段搜集材料,以增强内容和观点的新颖性和时代性。总之,本书对英语教师系统了解和掌握教学研究方法、提升科研素养与科研能力、开展英语教学研究等将会起到积极的促进作用。

  此外,在本书论述的9种常用的研究方法中,个案研究法、行动研究法、观察研究法、叙事探究法和内容分析法等近年来备受国内学者的关注,成为研究课堂教学、教育教学规律、教师与学生发展的常用研究方法。这些研究方法倾向于质性研究方法,但又有其各自的联系与区别,希望她今后能对这些研究方法继续加深研究。

  我时常在想:每逢佳节,不论是教师节、中秋节,还是元旦节、春节,我都会收到来自世界各地学生的祝贺。当看到自己的学生"青出于蓝而胜于蓝"时,我会感到由衷的高兴和无比的欣慰。在这里,我希望张静能以此为新的起点,百尺竿头更进一步,勇攀新的峰峦,为英语教育事业和英语教育研究做出更大的贡献。

  这本书是张静送给我最好的礼物。

周维杰

2020年10月24日于扬州大学

# 前　　言

　　提升英语教师的教科研素质与能力是实现教育部提出的大学英语教师向学者型、研究型教师转变的关键。当前制约我国英语教师教科研素质提升的原因众多,包括教科研意识淡薄、专业理论水平不高、缺乏系统的英语教学研究理论、教科研热情与动力不足、教学任务重等。新时代背景下,越来越多的英语教师意识到纯粹的教学工作已经无法满足自身职业发展的需求,意识到开展基于教学实践研究的迫切性、必要性与重要性。作为一名英语教师,无论是在英语教学中研究,还是对英语教学进行研究,还是为了英语教学进行研究,都离不开研究方法。本书在某种程度上为英语教师开展教学研究提供借鉴与参考,具有一定指导意义。

　　本书的写作除了我对该领域的兴趣、学习与积累外,还源于两个契机。

　　一是本书为安徽省高校优秀青年人才支持计划一般项目(gxyq2017226)的研究成果。2017年安徽省高校优秀青年人才支持计划项目申报之初,我计划依托该项目,结合自己对英语教学研究方法的理论学习与实践探索,把出版专著作为项目研究成果,以此提升自己的学术水平与专业素养。项目获批后,我便静下心来,从英语教学研究的各个方面搜集资料,并认真梳理与思考;深入阅读相关论著,以深化自己对该领域的认知与理解。同时,通过与英语教学研究方面的专家进行交流,进一步丰富本书的理论基础,使研究内容更有深度和广度。

　　二是2018年9月至2019年6月,我有幸赴上海外国语大学访学。在导师陈坚林教授的专业指导下,我对外语教学的理论与实践、外语科研方法等进行了深入系统的学习。通过参与一系列的学研共同体和博士生专题研讨活动,我较为全面地学习了叙事探究法、个案研究法、元分析法等研究方法,对外语教学研究方法的学术性、规范性、科学性有了深刻认知,为本书的撰写打下了坚实的基础,这也增强了我开展英语教学后续研究的信心。

五年多来，我认真研究英语教学研究方法，收集和积累研究案例，针对书稿撰写中遇到的问题反复思考、斟酌，数易其稿。希望此书能够反映本人的所学、所思和所行，为广大教师进行英语教学研究提供些许借鉴与参考。

　　本书共计10章，按照"科研方法＋案例分析"的基本思路，主要介绍了英语教学中常用的研究方法，具体包括问卷调查法、访谈法、实验研究法、个案研究法、行动研究法、观察法、叙事探究法、元分析法和内容分析法。本书聚焦英语教学研究方法的实际应用，结合典型案例进行深入分析，强调英语教学研究的合理化和科学化，试图帮助英语教师系统了解和掌握教学研究方法，提升科研素养与科研能力，进而有效开展英语教学实践研究。

　　本书参考和借鉴了国内学者的部分研究成果，特别是王晓亚、刘晶等学者关于英语教学研究的案例，在此谨致谢忱。感谢我的硕士生导师周维杰教授，他严谨的治学态度、渊博的知识及宽容豁达的人格魅力一直深刻地影响着我的工作、学习与生活。感谢上海外国语大学陈坚林教授，正是他严谨认真的专业指导，才使我最终能够顺利完成此书。感谢在上海外国语大学同期访学的黄山学院李建萍、巢湖学院王钢、陕西理工大学苏红莲、浙江工商职业技术学院翁晓梅、浙江医药高等专科学校钟剑波等诸位老师，在学研共同体活动中，与他们就英语教学研究方法进行过多次探讨，让我受益匪浅。上海外国语大学博士生廖晓丹、朱小超、马牧青、鲍敏等学友亦给予了可贵的建议与帮助，在此一并感谢。最后，感谢阜阳职业技术学院薛海教授，他的督促和鼓励让我更加坚定信心，最终完成了此书。

　　因本人水平所限，书中疏漏之处在所难免，希望广大读者不吝指正。

作者<br>
2020年12月

# 目 录

序 ································································································ ( i )

前言 ······························································································ ( iii )

**第一章　研究方法概述** ······················································· ( 1 )

　第一节　研究方法的内涵 ···················································· ( 1 )

　第二节　研究方法的类型 ···················································· ( 2 )

　　一、定量研究 ······························································· ( 2 )

　　二、定性研究 ······························································· ( 3 )

　　三、混合研究方法 ························································· ( 3 )

　第三节　教学研究的功能与意义 ·········································· ( 4 )

　　一、教学研究可以促进教师专业发展 ································ ( 4 )

　　二、教学研究有助于丰富和完善教学理论 ························· ( 4 )

　　三、预测教育发展趋势，改进教育教学工作 ······················ ( 5 )

**第二章　问卷调查法** ··························································· ( 6 )

　第一节　问卷调查法概述 ···················································· ( 6 )

　　一、问卷调查法的内涵 ···················································· ( 6 )

　　二、问卷的评判标准 ······················································ ( 8 )

　　三、问卷的构成 ···························································· ( 9 )

　　四、问卷调查的内容 ····················································· ( 10 )

　第二节　问卷设计与调查实施 ············································ ( 10 )

　　一、问卷的设计 ·························································· ( 10 )

　　二、问卷调查法的实施 ················································· ( 15 )

　第三节　数据分析与报告撰写 ············································ ( 17 )

　　一、数据分析 ······························································ ( 17 )

　　二、撰写问卷调查研究报告 ··········································· ( 18 )

**第三章　访谈法** ································································· ( 26 )

　第一节　访谈法概述 ························································· ( 26 )

　　一、访谈法的内涵 ······················································· ( 26 )

　　二、访谈法的类型 ······················································· ( 28 )

第二节　访谈法的设计与实施 …………………………………（30）
　　一、访谈法的设计 ………………………………………………（30）
　　二、访谈法的实施 ………………………………………………（34）
　第三节　访谈法的数据整理与分析 ……………………………（36）
　　一、访谈数据的转写 ……………………………………………（37）
　　二、访谈数据的有效管理 ………………………………………（37）
　　三、访谈数据的编码 ……………………………………………（38）
　　四、访谈数据的效度验证 ………………………………………（38）
　　五、数据分析与结论形成 ………………………………………（38）

第四章　实验研究法 …………………………………………………（40）
　第一节　实验研究法概述 ………………………………………（40）
　　一、实验研究法的内涵 …………………………………………（40）
　　二、实验研究法的相关概念 ……………………………………（42）
　　三、实验研究法的分类 …………………………………………（45）
　　四、实验研究法的优缺点 ………………………………………（46）
　第二节　实验研究法的设计与实施 ……………………………（47）
　　一、实验研究法的设计 …………………………………………（47）
　　二、实验研究法的实施 …………………………………………（52）

第五章　个案研究法 …………………………………………………（57）
　第一节　个案研究法概述 ………………………………………（57）
　　一、个案研究法的内涵 …………………………………………（57）
　　二、个案研究法的特点 …………………………………………（59）
　　三、个案研究法的分类 …………………………………………（60）
　　四、个案研究法的原则 …………………………………………（60）
　　五、个案研究法的优缺点 ………………………………………（61）
　第二节　个案研究法的基本方法 ………………………………（62）
　　一、追踪法 ………………………………………………………（62）
　　二、追因法 ………………………………………………………（63）
　　三、临床法 ………………………………………………………（64）
　　四、作品分析法 …………………………………………………（64）
　　五、教育会诊法 …………………………………………………（65）
　第三节　个案研究法的设计与实施 ……………………………（65）
　　一、确定研究目的，选择问题，提出命题 ……………………（65）
　　二、确定研究对象及分析单位 …………………………………（65）
　　三、了解研究对象 ………………………………………………（65）
　　四、设计研究内容 ………………………………………………（66）

五、确定数据资料收集方法 …………………………………………（66）
　　六、整理与分析资料 …………………………………………………（66）
　　七、导出结论，撰写研究报告 ………………………………………（67）
　第四节　个案研究报告的撰写 …………………………………………（67）
　　一、个案研究报告的撰写 ……………………………………………（67）
　　二、撰写个案研究报告的注意事项 …………………………………（68）

## 第六章　行动研究法 …………………………………………………（72）
　第一节　行动研究法概述 ………………………………………………（72）
　　一、行动研究法的内涵 ………………………………………………（72）
　　二、行动研究法的分类 ………………………………………………（74）
　　三、行动研究法的优缺点 ……………………………………………（75）
　　四、行动研究法与实验研究法相比较 ………………………………（75）
　第二节　行动研究法的设计与实施 ……………………………………（77）
　　一、行动研究法的设计 ………………………………………………（77）
　　二、行动研究法的实施 ………………………………………………（79）
　第三节　行动研究报告的撰写 …………………………………………（83）

## 第七章　观察法 …………………………………………………………（88）
　第一节　观察法概述 ……………………………………………………（88）
　　一、观察法的内涵 ……………………………………………………（88）
　　二、观察法的优缺点 …………………………………………………（90）
　　四、观察法的类型 ……………………………………………………（91）
　　五、观察的方法 ………………………………………………………（94）
　　六、观察记录的方法 …………………………………………………（96）
　第二节　观察法的设计与实施 …………………………………………（97）
　　一、观察法的设计 ……………………………………………………（98）
　　二、观察法的实施 ……………………………………………………（100）
　　三、观察法实施注意事项 ……………………………………………（103）
　第三节　观察报告的撰写 ………………………………………………（103）
　　一、观察报告基本要素 ………………………………………………（104）
　　二、观察报告的格式与要求 …………………………………………（105）
　　三、观察报告撰写的注意事项 ………………………………………（106）

## 第八章　叙事探究法 ……………………………………………………（110）
　第一节　叙事探究法概述 ………………………………………………（110）
　　一、叙事探究法的内涵 ………………………………………………（110）
　　二、叙事探究法的特点 ………………………………………………（112）

三、叙事探究法的类型 ………………………………………………… (114)
　　四、叙事探究法的优缺点 ……………………………………………… (114)
　　五、叙事探究法的启示 ………………………………………………… (115)
　第二节　叙事探究法的设计与实施 ………………………………………… (115)
　　一、叙事探究法的三要素 ……………………………………………… (116)
　　二、叙事探究法的过程与步骤 ………………………………………… (116)
　　三、开展叙事探究应当注意的问题 …………………………………… (118)
　第三节　叙事探究报告的撰写 ……………………………………………… (118)

## 第九章　元分析法 ……………………………………………………………… (123)
　第一节　元分析法概述 ……………………………………………………… (123)
　　一、元分析法的内涵 …………………………………………………… (123)
　　二、元分析法的优缺点 ………………………………………………… (125)
　　三、传统文献综述与元分析文献综述的比较 ………………………… (128)
　第二节　元分析法的设计与实施 …………………………………………… (129)

## 第十章　内容分析法 …………………………………………………………… (133)
　第一节　内容分析法概述 …………………………………………………… (133)
　　一、内容分析法的内涵 ………………………………………………… (133)
　　二、内容分析法的类型 ………………………………………………… (135)
　　三、内容分析法的特点 ………………………………………………… (137)
　　四、内容分析法的优缺点 ……………………………………………… (138)
　　五、内容分析法与文献法的比较 ……………………………………… (139)
　第二节　内容分析法的设计与实施 ………………………………………… (140)

**参考文献** ……………………………………………………………………… (146)

# 第一章 研究方法概述

无论是在英语教学中研究(research in English teaching),还是对英语教学进行研究(research on English teaching),还是为了英语教学进行研究(research for English teaching),都离不开研究方法。

## 第一节 研究方法的内涵

"研究"一词来源于法语"recherché"(周游或调查),指为发现或确立事实或关系而采取的一种周密的、系统的并且需要耐心进行的调查。从根本上讲,研究是一种活动,主要包括研究目的、研究方法与研究过程三个方面,而教学研究是在科学方法的指导下进行的研究特定教育现象发生、发展、变化规律,以揭示教育教学本质,解决教育教学中存在的问题,提高教育教学质量的创造性活动。方法是研究自然界、社会现象和精神现象的方式和手段。方法按照其普遍性程度分为三个层次:各门科学的一些特殊方法、各门科学中的一般研究方法和一切科学最普遍适用的一般方法。

什么是研究方法?克雷斯韦尔(Creswell)认为:"研究方法并不只是研究工具和操作方法的集合,而是包括本体论、认识论、价值论、修辞学和方法论等一系列复杂哲学内容在内的庞大体系。"科龙(Crony,1998)为我们认识研究方法的结构提供了一个框架,认为研究者在设计研究时应该考虑四个问题:一是,怎样的本体论——理论视角中的知识论贯穿于研究之中(如客观主义、主观主义等);二是,怎样的理论视角——哲学立场,潜藏在研究之后(如实证主义、后实证主义、诠释主义、批判理论等);三是,什么样的方法论——联系方法和结论之间的行动计划或策略,决定了研究方法的选择和运用;四是,怎样的方法——技术与步骤,打算使用的具体方法(如问卷法、访谈法等)。这四个问题体现了研究者在研究过程中的思维过程,对这些问题的回答不同,研究的路径就会不同,研究方法便有差异。

可以从三个层次来理解研究方法:
(1)哲学知识,这一层面主要包括研究者对于研究的哲学立场,主要是研究者对于一些哲学基本问题的态度,如知识是客观的、规律的、可发现的、还是经过主观改造的？研究者的不同立场会影响研究的目标、策略和具体操作。

（2）研究策略，它是研究方法的中间层面，是获得结论的主要路线，如民族志研究、实验研究等，一篇文章一般只有一种研究策略。我们往往将其分为量的研究方法、质的研究方法和混合研究方法。

（3）具体操作，是获取研究所需数据的手段、工具、技巧和步骤，一篇文章往往运用多种操作方法，如访谈法、问卷调查法等。

教学研究方法是按照某种途径，有目的、有计划、有组织、有系统地进行教育教学研究并建构教育教学理论的方式，是以教学问题为对象、一定的方法为手段，遵循一定的研究程序，以获得教育教学规律性知识为目标的一整套系统研究过程。简言之，教学研究方法就是人们在进行教育教学研究中采取的步骤、手段和方法的总称。

## 第二节 研究方法的类型

定量研究和定性研究是社会科学领域使用的两种主要研究方法范式，它们之间最主要的不同在于方法论的差异。定量研究遵循的是实证主义方法论，认为客观实在是不变的，存在着一定规律；定性研究则是遵循现象学的解释主义方法论，认为社会世界是建构的，研究的目的既不在于寻求规律，也不在于验证假设，而在于对事物进行理解和诠释，在自然的环境下收集文本资料，深入地了解被研究者的想法和行为，强调研究结果的独特性。在实际的课题研究中，常采用的研究方法一般不是纯粹的定量研究或定性研究，而是以混合研究居多。

### 一、定量研究

定量研究又称为量化研究，指的是采用统计、数学或计算技术等方法来对社会现象进行系统性的实证研究。它源于19世纪中叶以孔德为代表的实证主义，最初运用于自然科学领域。之后，量的研究方法以其数量化、精确化、形式化和可操作性等特点受到社会科学领域学者的关注，并被尝试推广使用。

社会科学领域的学者们对量的研究的定义较为一致，只是表述的角度略有不同。陈向明从量的研究的目的、过程和方法层面进行归纳，"量的研究是对事物可以量化的部分进行测量和分析，以检验研究者自己关于该事物的某些理论假设的研究方法，量的研究有一套完备的操作技术，包括抽样方法（如随机抽样、分层抽样、系统抽样、整群抽样）、资料收集法（如问卷法、实验法）、数字统计法（如描述性统计、推断性统计）等"。

## 二、定性研究

定性研究又称为质化研究,是一种在社会科学中常使用的研究方法。奥尔巴赫(Auerbac)等人认为:"定性研究是为了发掘特殊现象的意义模式而对文本和访谈进行分析和解释的一种研究。"克雷斯韦尔(Creswell)认为:"定性研究是一种研究者主要依靠建构主义或者批判主义的观点来进行探究的方法。它同样要求使用一些策略,像是叙事研究、现象学、民族志、扎根理论和个案研究。"定性研究是一种在世界范围内定位观察者的情境化活动。它由一系列解释性、材料性的实践行为组成,让世界变得清晰可见。它们将世界变成一系列陈述性表达,包括田野笔记、访谈、对话、照片、录音和备忘录等。

陈向明认为定性研究(质的研究)主要基于实证主义、批判主义、建构主义这三种理论范式。同时,一些其他理论思潮如阐释学、现象学、人类学、符号学、民族志、有色人种研究、扎根理论、象征互动主义、自然主义、女性分析、文本分析、后现代主义等也都从不同的方面丰富和发展了质的研究。质的研究方法作为一种社会科学方法经历了漫长的发展过程,存在于多元认识论以及文化传统的基础之上,受到诸多不同思潮、理论和方法的影响,起源于不同的学科,因此仅凭一两句话很难表述质的研究的复杂性。基于以上观点,陈向明对质的研究有一个比较全面的定义:"以研究者本人作为研究工具,在自然情境下采用多种资料收集方法对社会现象进行整体性探究,使用归纳法分析资料和形成理论,通过与研究对象互动对其行为和意义建构获得解释性理解的一种活动。"

## 三、混合研究方法

关于混合性研究方法的定义,学者们普遍认为混合研究方法是在一个研究中,结合运用至少一种质化方法和至少一种量化方法。认为混合研究方法是在一个或多个研究中,定性数据和定量数据的收集、分析和结合。克雷斯韦尔(Creswell,1996)认为混合方法是研究者在实际层面上进行探究的方法,为了更好地理解研究问题,需要同时或连续收集数据。收集数据时常常既需要积累数字信息又需要累积文本信息,这样数据库才能同时拥有量化和质化信息。

塔沙科尔(Tashakkor) & 克雷斯韦尔(Creswell,2007)提出了一个更加全面的定义,认为在一项研究中,研究者不论是收集数据、分析数据,还是综合结果、作出推论的过程中,既要用上质的研究方法,又要用上量的研究方法。这意味着严格的混合研究方法要求把混合的思想贯穿整个研究。

许多学者都认为质的研究可以和量的研究共存,使用两者结合的方法对探究有很大的帮助。在哲学上,混合方法研究以实用主义和系统哲学为理论基础。虽然质的研究方法与量的研究方法有着不同的哲学立场,且受限于不同的方法范式,但不同的哲学和方法范式只是描述了质的研究与量的研究间有何差异,各自适应怎样的研究范围,并不能规定或说明何种情况下应该使用何种方法,因为决定研究方法的是研究问题,而非哲学和方法的范式。范式与方法之间的联系并不是固有的、不可更改的,多数情况下研究者都是根据研究问题选取有效的研究方法,很少考虑到方法背后的范式及哲学基础问题。因此,混合方法研究是在解决研究问题过程中使多元方法合理化的一种努力,而不应限制或约束研究者的选择。一般认为混合研究方法是质和量的结合,但是严格的混合研究方法并不仅仅是将质的研究方法和量的研究方法简单地结合、运用,必须在整个研究的每一个步骤中都同时结合使用两种方法。

## 第三节 教学研究的功能与意义

教学研究是一种有目的、有计划、主动探索教学实践过程中的规律、原则、方法及有关教学中亟待解决的问题的科学研究活动。教学研究对丰富教学理论、描述教育事实、解释教学现象等方面具有一定的作用与功能。

### 一、教学研究可以促进教师专业发展

教学研究的过程是教师学习提高的过程。在研究中,教师要大量查找、阅读资料,学习新的理论、先进的教学思想和观点,不断更新知识结构。在教学研究中,教师需要正确的研究方法指导,这有助于提高教师自身的科研素养与能力。在教学研究中,教师要积极探索、不断创新,这是成为一位优秀教师不可缺少的素质要求。

教学研究架起课程理念和教育理论转化为教学行为的桥梁,促进先进教学经验的提炼和传播,促进教师的专业发展和教学改进;教学研究可以促使教师的角色由传授型向研究型转变。教师在教学研究过程中也可以体现自身的价值,体验成功的乐趣。一位教师如果不重视研究,那么他或许可以成为一位经验型的教师,但却难以成为学者型、专家型的教师。

### 二、教学研究有助于丰富和完善教学理论

教学研究有助于丰富和完善教学理论。通过描述教学现象、教学事实、探究教学现象及问题,揭示教育教学事实本身,展现教育教学实际体验。教学研究在揭示教育现象规律性的同时,也在寻找改进教学行为的途径,以摆脱不利环境,促进教

育教学的积极发展。通过教学研究,能够在一定程度上揭示教育教学规律,丰富和完善教学理论。

### 三、预测教育发展趋势,改进教育教学工作

教学研究能够展望未来,预测将来的教育发展趋势,对教育教学工作发展具有重要意义。教学研究的本意就是为了解决教学实践中的问题,提升教学效果,促进教育教学工作更顺利地开展。教学研究的步骤一般包括:提出研究课题、制订研究计划、实施研究计划、撰写研究报告和论文、鉴定与推广教研成果。而教学研究方法常见的有问卷调查法、访谈法、实验研究法、叙事研究法、行动研究法、个案研究法等。建设科学的英语教学研究方法,需要对广大一线的英语教师进行材料性研究方法的教育;鼓励和调动广大教师的科研积极性,促使他们把平时积累的宝贵的教学经验与科学的研究方法结合起来进行教学研究,成为名副其实的研究型英语教师。

# 第二章　问卷调查法

问卷调查法是英语教育教学研究中经常采用的一种资料收集手段，也是最常用的一种英语教学研究方法。问卷调查法最初由英国的高尔顿发明，后作为科研方法被广泛用于各种研究中。问卷调查是了解教育对象的常用方式之一，能够帮助研究者及时、快速地发现问题，改进教育实践。在英语教学研究中，研究者通过了解教学对象，调查与英语教学相关的现象、特点、问题等，可以很好地把握英语学习者当前的心理状况、学习状况、英语教学现状等，有助于英语教学的顺利开展及提升教学效果。

## 第一节　问卷调查法概述

调查研究是研究者为了深入了解实际、弄清事实、发现存在问题、探索规律而采取的有目的、有计划、有系统的一种研究方法，已被广泛地运用于社会各个领域。问卷调查法通过了解事实、收集第一手资料，使研究者高效快捷地开展研究，是调查研究中常用的方法之一。

### 一、问卷调查法的内涵

将问卷调查法应用于教育教学，有助于发现教育教学发展过程中存在的一些问题和矛盾，为研究者研究课题提供第一手资料和数据，从而为进一步研究奠定基础。

#### （一）问卷调查法的概念

问卷调查法也称"书面调查法"或"填表法"，是实证研究中研究者用来收集资料的一种常用方法。问卷调查法是指研究者根据要研究的主题，列出详细的纲目，编制成标准化的问卷，以邮寄、面谈或追踪访问等方式交给被调查对象填写，再进行数据统计处理，从而了解研究对象对某一现象或问题的看法或意见。

### (二) 问卷调查法的特点

问卷调查法收集资料经济、高效,能在短时间里收集到大量资料,有适用面广、信息量大、方便高效等特点。问卷调查法与其他研究方法相比较,有其自身的缺点。例如,与观察法相比较,问卷调查法了解行为反应不如观察法那样具体细致;与实验研究法相比较,问卷调查法的控制条件不如实验研究法那么严密,揭示自变量和因变量之间的因果关系也不如实验研究法那么透彻;与访谈法相比较,问卷调查的真实程度一般来说相对较低。但是总体上看,问卷调查法可以在短时间里获得多因素资料,取样大,代表性强,数据收集与分析快捷高效。

### (三) 问卷调查法的种类

按照不同的维度,问卷调查法可以分为不同的类型(见表 2.1)。

表 2.1 问卷调查法的类型

| 分类依据 | 类型 |
| --- | --- |
| 问卷填答者 | 自填式问卷调查和代填式问卷调查 |
| 问卷传递方式 | 报刊问卷调查、邮政问卷调查和送发问卷调查 |
| 与受访者交谈方式 | 访问问卷调查和电话问卷调查 |
| 问卷调查的内容和目的 | 分为事实的调查和个人反应的调查。前者要求调查对象回答知道的既有事实,要求所问项目是被调查对象确实知道并愿意回答的,其准确性高;后者要求调查对象回答的是心理事实,如个人意见、信仰、好恶、判断、取舍、态度等,这类问卷主观性强,信度和效度较低 |

### (四) 问卷调查法的优缺点

问卷调查法有其自身的优点与缺点,主要表现在以下方面。

1. 主要优点

方便快捷、易操作、费用低。调查人员可通过邮箱、邮寄、网络在线等方式发放与回收问卷,无需调查人员逐一收集资料,省时省力。问卷调查法对于受访者的干扰较小,研究的费用和人力的投入相对较少,经济适用。

不受人数限制,样本量较大,运用范围广。问卷调查法的使用范围非常广泛,调查研究的内容几乎不受限制,包括内容的思想、态度、观点和看法和外显的行为、举止,均可使用此研究方法。

标准化程度较高。问卷调查法是严格按照统一设计和固定结构的问卷而进行的研究,对所有的受访者都以同一种问卷进行询问,标准化程度较高。就整个问卷调查过程来说,问卷的设计、选择、实施以及结果的处理和分析等都是严格按照一定的原则和要求进行的,从而保证了调查结果的科学性和代表性。

有较好的匿名性,易于收集到真实的信息。大部分问卷设计都是采用匿名形式,匿名调查有利于调查对象无压力地表达自己的真实想法,这有助于收集到真实的回答,能客观地反映研究的真实性。特别是涉及一些较敏感的问题和个人隐私问题,在非匿名状态下,调查对象往往不愿意表达自己的真实想法与态度。

便于量化分析。由于问卷中的问题是研究者把研究的概念、变量进行操作化处理的结果,各种答案又都进行了编码,使用这种标准化工具搜集到的原始资料很容易转换成数字,适于计算机统计处理,节省分析时间,调查结果容易量化,问卷调查法是快速有效的研究方法。

2. 主要缺点

问卷设计对研究设计者要求较高。如果在设计上存在问题,那么调查结果的可靠性和代表性就较差,问卷结果就无法补救。问卷只能在一定的范围内取得资料,研究弹性不足。

无法确认受访者在问卷作答时,是否受外界干扰、是否受人诱导或指使,当受访者对问卷中的某些问题不清楚时,也无法向调查者询问,往往容易产生误答、错答等情况,问卷的效度难以有效保证,这也是问卷调查法面临的最大难题。

对受访者的文化水平有一定要求。因为问卷调查法使用的是书面问卷,问卷的回答有赖于调查对象的阅读水平,它要求受访者能看懂调查问卷,能理解问题的含义,懂得填答问卷的方法,那么对文化程度较低的人群等就不适用。

回收率往往难以保证。问卷调查法适用于较短时期的调查。在调查研究中,当有调查者在现场时,受访者一般都能顺利完成并交回问卷,回收率较高。但在邮寄问卷调查时,问卷能否完成、能否及时收回,主要取决于受访者。如果受访者由于客观或主观原因,放弃填答问卷或延时提交问卷,那么就会使问卷的回收率受到影响。

## 二、问卷的评判标准

良好的问卷应符合一定的标准,如问题设置要符合研究目的、问卷的语言要简洁凝练、语义要清晰、问卷布局要科学合理等。简单粗糙的问卷,无法让受访者诚心配合作答,问卷质量较低也会影响研究的效度。因此,编制问卷时要考虑一定的标准。

(1) 目的明确清晰。研究者设计的问题必须真实地反映研究目的和假设,以便分析与讨论。研究变量要符合研究目的,使研究架构比较合理。

(2) 表述准确肯定。在问卷设计中,研究者应考虑:受访者会如何解读这句话?受访者能解读到何种程度?受访者能否认识到问题与答案的实际语义?因此,语言表述上应该准确、浅显、易懂,不要超过受访者的理解范围。语法结构力求简单,尽量避免运用双重的否定语等。

(3) 语言简洁凝练。一般问卷中,句子都以短取胜,越短越好。短句容易使受访者集中思想作答,不会因长句而分散注意力。例如,"你认为你在采用新的学习方法后,你的英语水平有没有可能大幅度的提升?"这句话表述复杂不清,而且太长。可改为"你认为,采用新的学习方法后,你的英语水平能否提升?"

(4) 语义清晰易懂。研究者所编问卷应该在受访者能够理解的范围内。研究者事先必须对受访者的特性有所了解,如被测者教育程度、文化背景等。通常注意三点:一是,在受访者能够理解的范围内提出问题,充分考虑受访者的知识能力和受教育程度。二是,问题不要引起受访者的误解与争论。三是,不能用假设或猜测语句。

(5) 避免主观情绪与偏见。研究者必须避免各种主观情绪和偏见。比较明显的情绪化和主观性会影响受访者的思考,从而导致收集的答案不实。因此既要避免使用具有主观情绪的语句或语义,也要避免诱导回答及暗示等。

(6) 问卷的布局科学合理。问卷界面布局要科学专业,包括印刷精美,问卷界面清洁有序,问卷内容适量,句子长度适中,字体、字号和字距易于辨认等。

### 三、问卷的构成

一份完整的问卷由四部分构成:

(1) 标题。标题是问卷调查内容的高度概括,是对研究内容的提炼,应与研究内容保持一致,同时要注意对受访者的影响。

(2) 卷首语。卷首语包括前言和指导语,它是问卷调查的自我介绍,主要用来指导受访者如何填写问卷以及说明注意事项。前言是对调查目的、内容的扼要说明,以引起受访者回答问题的热情,消除顾虑,使问卷调查开展起来比较愉快。指导语主要包括指导受访者如何填写问卷以及注意事项,有时还附有例题,以帮助受访者理解填写问卷的方法与要求。总体上看,卷首语的内容应该包括:调查的目的意义,内容的扼要说明,选择受访者的途径和方法,对受访者的期望和要求,填写问卷的说明,回复问卷的方式和时间,调查的匿名和保密原则等。卷首语要简洁明了、用词恰当、便于理解。卷首语一般位于问卷第一页的上方。

(3) 问题与选择答案。它们是问卷的主要组成部分,是表达问卷的核心内容,一般包括调查询问的问题、回答问题的选项及对回答方式的指导和说明等。问题的设计要具体、清楚、客观、可操作,且应是受访者熟悉的。问题有开放式和封闭式两种,开放式只提问题不提供答案,受访者可以根据题意自由作答。封闭式不仅要提出问题,而且还要提供答案。封闭式问题提供的答案选项要科学、准确、合理、符合实际,以便研究者能得到可靠、有说服力的研究结果。

(4) 结束语。结束语位于问卷的最后部分。可以是简短的几句话，多是对受访者的配合表示谢意。

### 四、问卷调查的内容

问卷调查的内容，一般包括三部分：

(1) 关于受访者的基本资料。此内容用于收集研究对象的基本情况，一般为匿名调查。调查者在进行问卷调查时，根据需要收集一些关于调查者的某本情况。

(2) 关于受访者的行为表现。这部分内容是专门向受访者收集已发生的行为事实或事件发生的经过。这些行为或事件可与受访者有关，也可与受访者无关。但是受访者需是知情人、愿意配合，并能就事件、行为等实事求是地清楚作答。

(3) 关于受访者的态度资料。这一部分内容是搜集受访者对某些问题、某种观点或某些事件的观点、看法、态度及喜好等。

## 第二节　问卷设计与调查实施

问卷的质量会直接影响受访者在填写问卷时的态度和行为，也将进一步影响调查的价值与意义，因此科学、严谨地设计问卷与实施问卷调查非常重要。

### 一、问卷的设计

问卷的设计包括研究问题的确立、问卷问题的编制、问卷回答的编制、问卷的布局、问卷项目的设置及分布、问卷的评价与调整等。

#### (一) 研究问题的确立

研究问题的确立要经过三个程序：

(1) 选题。选题来源上，研究者要根据个人经历和兴趣确定选题，基于英语教学研究文献确定选题，通过参加学术会议、研讨会等活动确定选题。选题标准上，研究者要判断论证是否具有理论和(或)实践重要性，是否具有可行性。

(2) 提出研究问题。提出研究问题可首先缩小选题，通过回答"要怎样研究，研究什么"，把研究缩小至自己可操作的范围。通过阅读文献，发掘已有研究现状、已有研究中的局限、亟待研究的领域。研究者通过前期对已有研究的了解，把概括性的问题变为具体问题。好的研究问题要符合以下标准：能达到对某个现象进行描述、探索或解释的目的；多个研究问题之间要有逻辑性；研究问题应该是具体且可回答的。

（3）对问题进行概念操作化处理。操作性定义是指从操作层面上对研究问题中涉及的结构或概念进行界定，即对概念的测量结果，如考试分数就可以是英语水平的操作性定义。概念操作化处理时，首先列出研究问题中涉及的概念所包含的维度，再找出与每个维度相对应的测量指标，即问卷项目。基于文献确认研究中的测量指标，或通过先期探索性研究确认测量指标，也可基于前人的成果，结合自己的探索结果开发测量指标。

**（二）问卷问题的编制**

1. 研究问题的种类

研究问题一般包括四种：
（1）背景性问题，主要是受访者个人的基本情况。
（2）客观性问题，指已经发生和正在发生的各种事实和行为。
（3）主观性问题，指人们的思想、感情、态度、愿望等一切主观状况方面的问题。
（4）检验性问题，指为检验回答是否真实、准确而设计的问题。

2. 设计问题的原则

问卷的问题设计一般要遵从以下原则：
（1）客观性原则，即设计的问题必须符合客观实际情况。
（2）必要性原则，即必须围绕调查课题和研究假设设计最必要的问题。
（3）可能性原则，即必须符合受访者回答问题的能力。凡是超越受访者理解能力、记忆能力、计算能力、回答能力的问题，都不应该被提出。
（4）自愿性原则，即必须考虑受访者是否自愿真实回答问题。凡受访者不能自愿真实回答的问题，都不应该正面提出。

3. 表述问题的原则

问卷设计中的表述问题要遵从以下原则：
（1）具体性原则，即问题的内容要具体，不要提抽象、笼统的问题。
（2）单一性原则，即问题的内容要单一，不要把两个或两个以上的问题合在一起提。
（3）通俗性原则，即表述问题的语言要通俗，不要使用受访者感到陌生的语言，特别是不要使用过于专业化的术语。
（4）准确性原则，即表述问题的语言要准确，不要使用模棱两可、含混不清或容易产生歧义的语言或概念。
（5）简明性原则，即表述问题的语言应该尽可能简单明确，不要冗长和啰嗦。
（6）客观性原则，即表述问题的立场要客观，不要有诱导性或倾向性语言。

(7) 非否定性原则,即要避免使用否定句形式表述问题。

4. 特殊问题的表述方式

特殊问题的表述方式可采用释疑法、假定法、转移法及模糊法。

(1) 释疑法,即在问题前面写一段消除疑虑的功能性文字。

(2) 假定法,即用一个假言判断作为问题的前提,然后再询问受访者的看法。

(3) 转移法,即假设他人的回答,然后再请受访者对他人的回答作出评价。

(4) 模糊法,即对某些敏感问题设计出一些比较模糊的答案,以便受访者作出真实的回答。例如,调查高校英语教师的月收入问题,可设计为:

您本人全年的收入是:

① 30000 元以下　　② 30001～50000 元　　③ 5001～70000 元
④ 70001～80000 元　⑤ 80001～90000 元　　⑥ 900001 元及以上

### (三) 问卷回答的编制

1. 问卷回答的类型

问卷回答的类型一般包括三种:开放型回答、封闭型回答和混合型回答。

(1) 开放型回答。所谓开放型回答,是指对问题的回答不提供任何具体答案,而由受访者自由填写。开放型回答的优点有:灵活性、适应性强,特别适合于回答那些答案类型很多、或答案比较复杂、或事先无法确定各种可能答案的问题,有利于收集到受访者主动性和创造性的答案。一般地说,开放型回答比封闭型回答能提供更多的信息。

(2) 封闭型回答。所谓封闭型回答,是指列出问题的几种主要答案,甚至一切可能的答案,然后让受访者从中选取一种或几种,而不能进行这些答案之外的回答。封闭型回答常用的有以下几种:

① 填空式,即在问题后的横线上或括号内填写答案的回答方式。例如,您学习过(　　)种外语。

② 两项式,即只有两种答案可供选择的回答方式。例如,您目前的婚姻状况是?(请在对应的括号里画"√"。)已婚(　　);未婚(　　)。

③ 列举式,即在问题后设计若干填写答案的横线,由受访者自己列举答案的回答方式。例如,请问您认为保证英语学习者在线学习有效性的基本要求是什么?(请列举最重要的两项条件)

第一:_____;
第二:_____。

④ 选择式,即列出多种答案,由受访者自由选择一项或多项回答的方式。这种回答方式,适用于有几种互不排斥的答案的定类问题,可规定选一项,也可规定选多项。

⑤ 顺序式,即列出若干种答案,由受访者给出各种答案排列先后顺序的回答

方式。这种回答方式,适用于要表示一定先后顺序或轻重缓急的定序问题。

⑥ 等级式,即列出不同等级的答案,由受访者根据自己的感受选择答案的回答方式。例如,您对当前高职院校英语教学中在线共享资源的质量满意吗？（在下列对应的字母下画"√"。）

A. 很满意　B. 比较满意　C. 基本满意　D. 不满意　E. 很不满意

封闭型回答有许多优点,它的答案是预先设计的、标准化的,不仅有利于受访者正确理解和回答问题、节约回答时间、提高问卷的回复率和有效率,而且有利于对回答进行统计和定量研究。封闭型回答还有利于询问一些敏感问题,受访者对这类问题往往不愿写出自己的看法,但对已有的答案却有可能进行真实地选择。

封闭型回答的缺点是：设计较困难,特别是一些比较复杂的、答案很多或不太清楚的问题,一旦设计有缺陷,受访者就无法正确回答问题；它的回答方式比较机械,难以适应复杂的情况,难以发挥受访者的主观能动性；它的填写比较容易,受访者可能对自己不懂或不了解的问题随意填写,从而降低回答的真实性和可靠性。

（3）混合型回答。所谓混合型回答,是指封闭型回答与开放型回答相结合,它实质上是半封闭、半开放的回答类型。混合型回答方式,综合了开放型回答和封闭型回答的优点,同时避免了两者的缺点。例如,作为英语专业教师,在科研学术上,您目前最迫切需要解决的问题是：（请在适合的括号内画"√"。）

① 提高论文写作的能力与水平（　　）；
② 提高项目申报书书写的能力与水平（　　）；
③ 扩大自己的学术视野（　　）；
④ 能拥有免费的论文查阅与下载渠道（　　）；
⑤ 科研学术中,得到单位领导的精神支持（　　）；
⑥ 科研学术中,得到家人的精神支持（　　）；
⑦ 有更多参加与聆听学术讲座的机会（　　）；
⑧ 其他（请说明）。

2. 设计答案应该注意的问题

设计答案的原则。问卷中问题答案的设计要遵从以下五项原则。相关性原则,即设计的答案必须与询问的问题具有相关关系；同层性原则,即设计的答案必须具有相同层次的关系；完整性原则,即设计的答案应该穷尽一切可能,至少是所有主要的答案；互斥性原则,即设计的答案必须是互相排斥的；可能性原则,即设计的答案必须是受访者能够回答、也愿意回答的。

编码。所谓编码,就是对每一份问卷和问卷中的每一个问题、每一个答案编定一个唯一的代码,并以此为依据对问卷进行数据处理。对问卷的编码包括编定受访者类别的代码,调查开始时间、结束时间和合计时间的代码,调查完成情况的代码,调查员和调查结果评价的代码等。编码是对问卷分类和处理的依据。对问题的编码,就是对每一个询问问题编定一个代码。对答案的编码有前编码和后编码之分,封闭型回答的每一个答案,在设计问卷时就设计了代码,叫前编码;开放型回答的答案,一般是在调查结束后根据答案的具体情况再编定代码,叫后编码。

### (四) 问卷的布局

(1) 总体格式。问卷界面总体布局要科学美观,包括印刷、问题长度适中、字体、字号和字距易于识读等。

(2) 问卷标题。问卷标题要简明扼要、通俗易懂、有良好概括性和相关性。问卷标题要明确调查对象,反映研究的主题,不要使用晦涩难懂的专业术语。

(3) 前文部分。前文部分包括问卷说明、个人信息、答题说明。

(4) 问卷说明。问卷说明介绍要简短,语气友善,态度诚恳。问卷说明一般包括:研究者自我介绍、调查内容介绍、目的和意义介绍、调查程序、调查与受访者之间的关系、保密承诺及措施、鸣谢。研究者可依据调查者与受访者之间关系、实施方法不同等进行取舍。

(5) 个人信息。对受访者个人信息要慎重取舍,不求多多益善。受访者个人信息最好放在结尾部分;不要太多或太少。设计个人信息时要有与研究变量相关的受访者的个人信息。一般情况下,最好匿名。最终是否匿名取决于研究目的和研究问题。

(6) 答题说明。一般出现在问卷主要量表之前,表述清楚、明了、具体,最好附有示例。答题方法说明的字体字号与问卷项目的字体字号有所区别。

(7) 结尾部分。问卷结束语中给出受访者接受反馈的方法,可明确说明问卷回收的方式,可说明如何反馈调查结果。问卷结束语要包含致谢词,表达要诚恳真挚。

### (五) 问卷项目的设置及分布

(1) 从问卷布局上看,问卷项目不同的类型分开编排,编排顺序要合理;问题、答案排列整齐,一个完整问题不能跨页;一定要避免表述内容过长、形式过于复杂的项目。问卷整体长短结构要合理,不宜超过 4 页,答题时间不宜超过 30 分钟。

(2) 从文字表述上看,少用否定句或双重否定句,正反向问卷项目交叉使用。不使用双重或多重含义的词语,不使用概括性强和模糊的词语。问卷的问题不带有前提性或倾向性,没有诱导性和暗示性。不要带有年龄、性别、地域、民族等倾向,保持客观中性立场。不使用专业性强的词语或者缩略语。类别命名不宜使用专业或抽象术语。对标题和标号进行清晰合理地标识。

(3) 从问题设置内容及类型上看,开放式问题一般多采用填空或简答形式;封闭式问题多采用比较量表(成对比较量表和排序量表)、非比较量表(利克特量表和语义区分量表)。为使研究结果能很好地说明问题,问卷问题设置一定要具有区分度,根据问题的类型、内容、作用、测量形式对问题进行分类。不使用超出受访者知识范围的问题。

(4) 从问题设置的顺序看,要避免调查问题之间的相互影响。一般先问封闭式问题,再问开放式问题。在涉及敏感问题时,采用委婉的方式向受访者提问;在顺序上,先问受访者感兴趣或关心的问题,最后问敏感性问题。先问受访者的行为,再问其态度、意见、看法或感受。

(5) 从答案选项的表述与布局看,等级量表选项之间的距离设置要相等。封闭式问题采用的题型一般包括是非题、多项单选、多项多选、比较式、利克特量表、语义区分量表。利克特量表等级不宜过多,一般为奇数,少用偶数。表示项目时要用语义明确、易懂的陈述句。测量行为时避免使用频度副词。正反向问题相互结合设置。尽量不要设计具有明确答案的问题。

(6) 从答案选项的数量设置上看,多选项答案应尽可能穷尽全部可能的选项。避免使用措辞不同但意义上有过多交叉或重复的选项。注意选项的排列顺序,要控制选项数量,尽量不用分流题。排序答案选项不能过多,如果较多可进行分组处理。

(7) 从问卷引用的角度看,如果翻译国外学者的问卷,则一定要忠实于原文,表述通俗易懂。

**(六) 问卷的评价与调整**

(1) 问卷评价。问卷初步设计后,对问卷本身进行初步评价。可以通过自我评价、专家或同行评价等方式,检验问卷是否科学合理。主要考查问卷中是否有表达不清楚的语句、晦涩难懂的概念、容易产生不适的问题、不知如何回答的问题、重复的问题、该合并的问题、该剔除的问题等。

(2) 问卷测试。问卷测试分小型试测(4~10人)和大型测试(50~200人),采用哪种测试方式可根据研究者的条件、研究结果、研究本身的性质和要求而定。测试后要对测试的过程和结果进行访谈,作为调整问卷的依据。

(3) 问卷调整。根据测试与关于问卷的访谈结果,对问卷进行的修改与调整。

## 二、问卷调查法的实施

问卷调查法的实施包括问卷的设计、分发、统计、分析及撰写问卷调查报告。问卷调查实施过程中最重要的是保证问卷高质量、高回收率。提高问卷回收率的因素有很多,包括问卷的发放与调查技巧、问卷阅读的舒适感(如问卷字体大小和行间距等),要引起调查对象足够的重视与配合。如果问卷调查是直接与调查对象见面实施,如在班级实施问卷调查,那么开始实施前,要按照问卷中的指导语向调查对象说明调查意图,表达真实想法,态度诚恳并致以感谢。如果问卷调查是间接实施,如委托调查或邮寄调查,一般要附上一封信件,说明调查的目的、重要性、注意事项、时间期限等,表达感谢之意。如果经费充裕,则可适当地向受访者赠送礼物,争取获得高质量的回答和高回收率。

### (一) 问卷抽样

抽样方法分非概率抽样和概率抽样。前者包括便利抽样、配额抽样等,后者包括简单随机抽样、系统随机抽样、分层随机抽样等。要综合考虑研究条件、研究性质、研究目标等多种因素确定问卷抽样的方法。

样本大小的选择会直接决定研究结果的可靠性与真实性。一般情况下,样本量最低要求是30份。样本量不少于200时,样本有较好的代表性。区域性研究样本量在500~1000较合适,全国性研究样本数最好为1500~2500份。只进行描述性研究,样本数最少占总体的10%。进行相关性研究,样本量应大于30份。进行分组研究,各组样本量应大于30份。如需因子分析,则样本量要不少于100,且至少是变量数的两倍。研究者不需追求过大的样本量,能满足研究需要即可。

### (二) 数据采集

问卷调查中的数据采集包括:

(1) 集中调查。将受访者在指定的地点集中起来,根据程序让他们同时回答问卷问题。这尤其适合学生受访者。先要培训调查人员,再联系调查事宜,商量好时间、地点、方式,最后按照既定时间开始实施。

(2) 个别调查。调查者将问卷逐一发给受访者,请受访者独立填答问卷,并约定问卷回收的时间、地点、方式。此法较适合教师或教学管理人员等受访者。

(3) 邮寄调查。调查者将问卷寄送给被抽中的受访者,由受访者自行填写完成并寄回。

(4) 网络调查。让受访者通过浏览专门的网站回答网上问卷,或将问卷通过电子邮件发送给受访者回答。

(5) 当面调查。调查员就问卷问题直接向受访者提问,然后把受访者的答案记录下来。此法适合于年龄较大或较小的受访者。

## 第三节 数据分析与报告撰写

问卷调查报告是调查者紧扣研究问题及特定对象设计并分发问卷,将调查材料归纳整理、分析研究,并用文字或图表等形式将整个调查研究的成果表现出来,揭示事物的本质,得出结论,形成以解决问题为主要目的的汇报性应用文。作为问卷调查法的最后一步,问卷调查报告的撰写有利于将问卷调查的研究成果集中体现,使研究者加深对课题的理解,更深入地开展后续的研究。研究者要辩证分析统计的数据,剖析事物的本质及发展趋向。

### 一、数据分析

问卷的数据分析包括四个步骤:

(1) 问卷整理。剔除无效问卷。建立编码手册,对有效问卷进行编码。对封闭式问题进行编码。对开放式问题的答案进行处理。

(2) 数据录入。录入问卷数据(一般包括 SPSS 文件、文本文件、Excel 文件三种文件存储格式)。纠正超出答案范围之外或不可能的数值。纠正未超出答案范围之外的错误。纠正相互矛盾的错误。数据录入后对反向提问的数据值进行了重新编码。跨地区的调查对数值进行标准化处理。处理奇异值。处理缺省值。

(3) 数据汇总。受访者个人信息汇总,用图表、统计量进行描述。问卷主体部分的描述,对选择题、比较式问题、利克特量表、语义区分表等不同问题类型及编码结果进行数据描述。

(4) 数据统计与分析。问卷调查中数据的分析方式很多,根据不同的研究问题、研究性质,采用的分析方式也不同。根据数据差异分析和数据相关性分析,有以下几种方式(见表2.2)。

表 2.2 问卷调查中的数据分析

| 数据分析 | 数据差异分析 | 卡方检验,适合定类数据 |
| --- | --- | --- |
| | | 单样本 K-S 检验,适合定序数据 |
| | | 单样本 t 检验,适合定距或定比数据 |
| | | 对定类数据,两次测量间比较采用 McNemar 检验法,三次以上测量间采用 Cochran Q 检验方法 |
| | | 对定序数据,两次测量间比较使用符号检验方法或 Wilcoxon 配对符号秩次检验法,三次以上测量间采用双因素方差分析 |

续表

| | | |
|---|---|---|
| 数据分析 | 数据差异分析 | 对定距或定比数据,两次测量间比较采用配对样本 t 检验,三次以上测量间比较采用重复测量方差分析方法 |
| | | 定类数据,两组间比较采用比率之间的 t 检验,三组或以上组别间比较采用卡方检验 |
| | | 定序数据,两组间比较采用 Mann-Whitney U 检验,三组或以上组别间比较采用 Kruskal-Wallis 检验 |
| | | 定距或定比数据,两组间比较采用独立样本 t 检验,三组或以上组别间比较采用单因素方差分析 |
| | 数据相关性分析 | 范畴变量之间的联系检验方法,只有一个自变量采用卡方检验,多个自变量采用对数线性检验方法 |
| | | 检验变量的预示能力,根据一个还是多个自变量对其他变量的预示能力,分别可采用简单线性回归方法、多元线性回归方法 |
| | | 检验变量之间的联系强度,可采用 Pearson、Spearman、Kendall Tau-b、Kendall Concordance 相关分析法 |
| | | 检验多个变量共有的潜在结构,可采用因子分析方法、多维量表方法 |

## 二、撰写问卷调查研究报告

问卷调查研究报告的撰写是问卷调查研究过程中最后的环节,也是最重要的环节。单纯地进行调查研究,不能形成一定的结论,不能揭示数据背后的规律,此问卷调查的作用与意义是十分微小的。只有详实地叙述其结果,探索数据背后的原因,提出合理的意见和建议,并使更多的人了解其调查的结果,才是此研究的价值所在。

撰写问卷调查报告需要遵循写实性、针对性、逻辑性、典型性和时效性等原则。问卷调查的报告内容包括研究问题、研究方法、研究结果、讨论与分析、结论与建议等部分。如果是教学研究课题,其调查报告的内容应更详细,包括研究背景、选题价值、调查的工具、方法、对象及调查过程;对调查过程及结果进行分析、讨论;总结概括研究结论,对发现的问题提出有关对策。其中,阐述调查结果或研究结论、提出对策或建议是问卷调查报告的重点。

## 案例展示

案例背景：王晓亚在论文《高中英语课堂中国文化教学现状调查》中聚焦于高中英语课堂中国文化教学现状展开调查。该研究主要采用文献研究法、问卷调查法等结合的研究方法对高中英语课堂中国文化教学的现状展开研究。王晓亚认为，教师是在英语课堂教学中具体推进和落实新课程标准中国文化教学相关要求的执行者，是中国文化教学活动的引导者。教师对于中国文化教学的理解和开展情况，直接影响学生的中国文化学习效果。因此，研究者主要从教师教学的角度入手，从以下四个维度对高中英语课堂中国文化教学现状进行调查：教师对于英语课堂中国文化教学的认识；教师对新课程标准中国文化内容与要求的了解情况；高中英语课堂中国文化教学的情况；影响教师英语课堂开展中国文化教学的因素。在通过文献研究法构建了论文的研究框架并奠定了研究的理论基础之后，研究者通过问卷调查法分别对教师和学生就高中英语课堂中国文化教学的具体现状展开调查。该研究中问卷包括高中英语课堂中国文化教学现状调查问卷（教师卷）和高中英语课堂中国文化教学现状调查问卷（学生卷）。两个问卷设计合理、科学、专业，具有很强的参考性。

### 高中英语课堂中国文化教学现状调查问卷（教师卷）

亲爱的教师，非常感谢您参与此次问卷调查。本问卷旨在调查当前高中英语教师的中国文化教学现状，问卷将采取不记名调查的方式收集数据，答案没有对错之分。本人承诺此次调查获取的信息仅用于此次研究，恳请您如实并完整填写问卷并给出您的宝贵建议。衷心感谢您的支持与协助！

本问卷填写需要3～5分钟，感谢您的合作！

| 1. 您的教龄： | | | | |
|---|---|---|---|---|
| 2. 学校类型：省重点　　市重点　　区重点　　示范性高中　　普通高中 | | | | |
| 3. 以下关于英语学习与中国文化的表述您认同的情况是： | 完全不同意(A) | 不同意(B) | 同意(C) | 完全同意(D) |
| ① 用英语与外国人交流时，您认为自己对中国文化的了解程度会影响你们交流的结果 | | | | |
| ② 您认为学习中国文化知识对理解英语文化有帮助 | | | | |

续表

| | | | | |
|---|---|---|---|---|
| ③ 您认为应该在英语教学中培养高中生理解用英语表述中国文化的能力 | | | | |
| ④ 您认为应该在英语教学中培养高中生用英语传播中国文化的意识与能力 | | | | |
| 4. 以下关于英语教学与中国文化的表述您符合的情况是: | 完全不同意(A) | 不同意(B) | 同意(C) | 完全同意(D) |
| ① 在教学中用英语讲授中国文化时,您可以表达顺畅,没有困难 | | | | |
| ② 在听英语中的中国文化相关表达时,您可以充分理解,没有困难 | | | | |
| ③ 在进行中国文化主题的英语写作时,您可以表达顺畅,没有困难 | | | | |
| ④ 在阅读有关中国文化的英语材料时,您可以充分理解,没有困难 | | | | |
| 5. 下列哪些是新课程标准中要求学生了解并与外国文化比较的中国文化知识?（多选题） | | | | |
| A. 中国主要传统节日及其历史与现实意义<br>B. 主要习俗<br>C. 体育精神<br>D. 常用词语成语和俗语的表达方式及文化内涵<br>E. 行为举止和待人接物<br>F. 政治和经济等基本知识<br>G. 典故和传说 | | | | |
| 6. 下列哪些是新课程标准中要求学生能够用英语介绍和传播的中华文化?（多选题） | | | | |
| A. 中国传统节日<br>B. 中国国家地理概况<br>C. 中华优秀传统文化(如京剧、文学、绘画、园林、武术、饮食文化等)<br>D. 中国政治经济基本知识 | | | | |
| 7. 在设计与中国文化有关的教学目标时,您认为以下目标在您的教学设计中的重要程度是: | 完全不重要(A) | 不重要(B) | 重要(C) | 非常重要(D) |

续表

| | | | | |
|---|---|---|---|---|
| ① 在跨文化交际中,学生能理解用英语表述的中国文化 | | | | |
| ② 在跨文化交际中,学生能使用英语介绍中华文化基本知识 | | | | |
| ③ 学生能通过学习中国文化加深对英语文化的认识 | | | | |
| ④ 学生能了解中外文化的差异与融通 | | | | |
| ⑤ 学生能够坚定文化自信 | | | | |
| 8. 在进行中国文化教学时,您向学生介绍以下有关中国文化内容的频率是: | 极少(A) | 较少(B) | 经常(C) | 总是(D) |
| ① 物质产品:生活用品、科技产品、城市建筑等 | | | | |
| ② 科学:自然科学、社会科学、人文科学等 | | | | |
| ③ 艺术:文学、音乐、绘画、舞蹈、小说、戏剧、诗歌等 | | | | |
| ④ 国家:历史、地理风光、名人等 | | | | |
| ⑤ 社会制度:经济制度、家庭制度、政治制度、法律制度等 | | | | |
| ⑥ 习俗:节日、肢体语言等 | | | | |
| ⑦ 行为模式:生活方式、行为方式、人际关系等 | | | | |
| ⑧ 价值体系:情感表达、审美情趣、价值观、信仰、思维方式等 | | | | |
| 9. 在教学中,您使用以下方法进行中国文化教学的频率是: | 极少(A) | 较少(B) | 经常(C) | 总是(D) |
| ① 让学生围绕中国文化相关的话题进行多种形式的英文汇报 | | | | |

续表

| | | | | |
|---|---|---|---|---|
| ② 直接利用教材中的中国文化信息（如介绍中国文化的语篇、词汇、图片等）进行中国文化教育 | | | | |
| ③ 在教材中没有中国文化时，结合材料适当地导入中国文化作为背景知识 | | | | |
| ④ 引导学生将中国文化和英语文化进行对比，总结中西文化异同 | | | | |
| ⑤ 通过各种活动让学生在真实情境中输出中国文化 | | | | |
| ⑥ 在学生学习文章内容后，布置与中国文化相关的写作任务 | | | | |
| ⑦ 利用课外时间，引导学生利用多种渠道进行有关中国文化的英语学习活动 | | | | |

10. 在英语教学中，您教授语言知识与文化知识的占比情况是：

A. 语言知识＞文化知识
B. 语言知识＜文化知识
C. 语言知识＝文化学习

11. 在英语教学中，您教授英语文化与中国文化的占比情况是：

英语文化＞中国文化
英语文化＜中国文化
英语文化＝中国文化

12. 在进行中国文化教学时，您选择教授中国文化内容的原则是：

A. 与所学语言内容密切相关的中国文化内容
B. 与学生生活实际密切相关的中国文化内容
C. 两者都是
D. 两者都不是

13. 在进行中国文化教学时，您选择教授中国文化内容的情况是：

A. 只讲解简单的文化表现形式
B. 从文化表现形式深入背后文化内涵
C. 没有考虑过

续表

| 14. 您认为以下因素影响您进行中国文化教学的情况是： | 完全不影响(A) | 不影响(B) | 影响(C) | 影响非常大(D) |
|---|---|---|---|---|
| ① 教材涉及的中国文化内容少 | | | | |
| ② 考试题项与中国文化相关程度低 | | | | |
| ③ 课时量不足 | | | | |
| ④ 中国文化相关的英语教学资源匮乏 | | | | |
| ⑤ 教师个人的中国文化知识欠缺 | | | | |
| ⑥ 教师的中国文化教学理论知识不足 | | | | |
| ⑦ 教师的中国文化教学实践技能不足 | | | | |
| ⑧ 学生对中国文化兴趣不足 | | | | |

## 高中英语课堂中国文化教学现状调查问卷(学生卷)

亲爱的同学,非常感谢您参与此次问卷调查。本问卷旨在调查当前高中英语教师的中国文化教学现状,问卷将采取不记名调查的方式收集数据,答案没有对错之分。本人承诺此次调查获取的信息仅用于此次研究,恳请您如实并完整填写问卷并给出您的宝贵建议。衷心感谢您的支持与协助!

本问卷填写需要3~5分钟时间,感谢您的合作!

| 1. 您的年级： | | | | |
|---|---|---|---|---|
| 2. 学校类型:省重点　市重点　区重点　示范性高中　普通高中 | | | | |
| 3. 通过中国文化学习,你认为自己完成的学习目标的情况是： | 完全不符合(A) | 不符合(B) | 符合(C) | 完全符合(D) |
| ① 在跨文化交际中,能理解用英语表述的中国文化 | | | | |
| ② 在跨文化交际中,能使用英语介绍中华文化基本知识 | | | | |
| ③ 能通过学习中国文化加深对英语文化的认识 | | | | |
| ④ 能了解中外文化差异与融通 | | | | |
| ⑤ 能够坚定文化自信 | | | | |
| 4. 在英语课堂学习中,你的老师教授以下有关中国文化内容的频率是： | 极少(A) | 较少(B) | 经常(C) | 总是(D) |

续表

| | | | | |
|---|---|---|---|---|
| ① 物质产品：生活用品、科技产品、城市建筑等 | | | | |
| ② 科学：自然科学、社会科学、人文科学等 | | | | |
| ③ 艺术：文学、音乐、绘画、舞蹈、小说、戏剧、诗歌等 | | | | |
| ④ 国家：历史、地理风光、名人等 | | | | |
| ⑤ 社会制度：经济制度、家庭制度、政治制度、法律制度等 | | | | |
| ⑥ 习俗：节日、肢体语言等 | | | | |
| ⑦ 行为模式：生活方式、行为方式、人际关系等 | | | | |
| ⑧ 价值体系：情感表达、审美情趣、价值观、信仰、思维方式等 | | | | |
| 5. 在英语学习中，你的老师使用以下方法进行中国文化教学的频率是： | 极少(A) | 较少(B) | 经常(C) | 总是(D) |
| ① 让你们围绕中国文化相关的话题进行多种形式的英文汇报 | | | | |
| ② 直接利用教材中的中国文化信息（如：介绍中国文化的语篇、词汇、图片等）进行中国文化教育 | | | | |
| ③ 在教材中没有中国文化时，结合材料适当地导入中国文化作为背景知识 | | | | |
| ④ 引导你们将中国文化和英语文化进行对比，总结中西文化异同 | | | | |
| ⑤ 通过各种活动让你们在真实情境中输出中国文化 | | | | |
| ⑥ 在你们学习文章内容后，布置与中国文化相关的写作任务 | | | | |
| ⑦ 利用课外时间，引导你们利用多种渠道进行有关中国文化的英语学习活动 | | | | |

续表

| |
|---|
| 6. 在英语学习中,你学习的语言知识与文化知识的占比情况是: |
| A. 语言知识＞文化知识<br>B. 语言知识＜文化知识<br>C. 语言知识＝文化学习 |
| 7. 在英语学习中,你学习英语文化与中国文化的占比情况是: |
| A. 英语文化＞中国文化<br>B. 英语文化＜中国文化<br>C. 英语文化＝中国文化 |
| 8. 在进行中国文化教学时,你的老师选择的中国文化内容一般是: |
| A. 与所学语言内容密切相关的中国文化内容<br>B. 与学生生活实际密切相关的中国文化内容<br>C. 两者都是<br>D. 两者都不是 |
| 9. 在进行中国文化教学时,你的老师教授中国文化内容的情况是: |
| A. 只讲解简单的文化表现形式<br>B. 从文化表现形式深入背后文化内涵<br>C. 不考虑顺序<br>D. 没有注意过 |

(资料来源:王晓亚. 高中英语课堂中国文化教学现状调查[D]. 上海:华东师范大学,2020.)

# 第三章 访谈法

访谈法是调查的另一种形式,它是指研究者通过与研究对象面对面或采用电话、网络进行口头式交谈的形式来获得调查资料的一种方法。访谈法简单快捷、易操作,研究者能够通过交谈叙述的方式收集多方面的信息资料,因而深受研究者的青睐。访谈法是一种在英语教学研究中运用非常广泛的方法。

## 第一节 访谈法概述

访谈法在教育教学研究中具有特殊的意义和作用,研究者可以通过访谈法了解研究对象的态度、情感、思想观念等,从而能对其各种心理与行为特征进行综合分析。

### 一、访谈法的内涵

**(一)访谈法的概念**

访谈就是研究性交谈,是以口头形式,根据被询问者的答复搜集客观的、不带偏见的事实材料,以准确地说明样本所要代表的总体的一种方式。尤其是在研究比较复杂的问题时,需要向不同类型的人了解不同类型的材料。陈坚林(2004)认为,在汉语中,"访"就是探望、寻求,"谈"就是指交谈、询问,访谈法就是调查者通过交谈的方式向受访者了解情况,获取信息。陈向明(2000)认为,访谈就是研究者"寻访"、"访问"被研究者并且与其进行"交谈"和"询问"的一种活动,"访谈"是一种研究性交谈,是研究者通过口头谈话的方式从被研究者那里收集或"建构"第一手资料的一种研究方法。

由于调查者技术水平低或操作不当而使访谈的内容和结果不实的情况,称为访员偏差。产生访员偏差的最直接原因一般表现为调查者对受访人有偏见,调查者想要受访人作出某种回答而产生的期望效应;调查者进行暗示或诱导性提问。

由访员偏差所得到的资料,已失去了科学研究的价值。

### (二) 访谈法的特点

访谈法具有灵活性、准确性、客观性、真实性、深入性等特点。

(1) 灵活性。访谈调查是访谈员与被访者双向交流的过程。访谈员事先根据研究的目的与研究内容等设计访谈问题。访谈中，如发现有些情况事前考虑得不够全面，访谈员可以根据访谈过程中被访者的反应，对访谈问题作出适当的调整。

(2) 准确性。访谈调查通常是面对面的交流，通过访谈员的努力与准备，可以使被访者放松心情，有意愿配合访谈，并进行认真的作答，使得调查资料更加真实、准确、可靠。

(3) 客观性。访谈员在访谈调查前，需要确定安静适宜的访谈场所，可适当地控制访谈环境带来的干扰。在访谈过程中把握主动权，合理安排访谈时间和内容，控制提问的顺序，调整谈话节奏，这都有利于被访者更加客观地回答问题。

(4) 真实性。由于访谈的流程速度较快，被访者在回答问题时往往没有足够的时间进行思考，因此，获得的回答常是被访者直接的观点、态度等，搜集到的访谈数据具有一定的真实性。

(5) 深入性。由于访谈员与被访者通常是面对面交谈、电话访谈等，访谈员具有适当解说、引导和追问的机会，从而可以探讨比较深入复杂的问题，获取深层次的信息。在面对面的谈话过程中，访谈员不仅要收集被访者的回答信息，还要观察被访者的非言语行为，如表情动作等。通过被访者的非语言行为也可以判别被访者的心理状态及回答内容的真伪。

### (三) 谈话与访谈的区别

谈话与访谈都是通过面对面或电话等方式进行交流，但是两者在目的性、问答形式、问答内容等方面还存在一些差异(见表3.1)。

表 3.1 谈话与访谈的区别

| | 谈话 | 访谈 |
| --- | --- | --- |
| 1 | 没有明显的目的性 | 有十分明确的目的，交谈双方对这个目的都十分清楚 |
| 2 | 以友好打招呼开始，可伴有身体接触，如握手、拥抱、拍肩 | 以友好打招呼开始，可握手，但无其他身体接触 |
| 3 | 避免重复 | 常要求对方重复，了解来龙去脉及具体细节 |
| 4 | 可互相问问题，内容常关于生活、工作等 | 通常是访谈者对受访者发问；双方比较默契，受访者向访谈者提供有用的信息 |

续表

| | 谈话 | 访谈 |
|---|---|---|
| 5 | 双方互表希望继续交谈的兴趣 | 访谈者向受访者表示交谈兴趣,受访者无需表示出交谈兴趣 |
| 6 | 双方一般互用彼此不了解的话语,以衬托对方说话的重要性 | 访谈者向受访者使用无知话语,以鼓励受访者多说细节及看法;使用频率也更频繁 |
| 7 | 双方的言语轮换是平等的 | 双方的言语轮换不平等,访谈者提问多 |
| 8 | 双方使用大量的简略语和参照物 | 访谈者一般会要求受访者详细说明细节,举例说明观点 |
| 9 | 允许长时间的沉默 | 不会长时间保持沉默 |
| 10 | 一定使用结束语 | 不必有借口,谈话时间到了或信息收集够了,访谈者就可表示感谢并结束交谈 |

## 二、访谈法的类型

依据不同的访谈标准,访谈法有不同的类型。

### (一) 依据访谈者主控程度划分

依据访谈者主控程度划分,可分为:

(1) 结构性访谈。结构性访谈亦称标准化访谈、标准式访谈,是一种由调查者控制的访谈。整个访谈事先都做了详尽的设计,包括如何设计访谈问题,如何排列问题的顺序,什么样的提问方式,如何引导问题,如何进行重点问题的讨论等等。它最显著的特点是访谈提纲的标准化,这可以把调查过程的随意性控制到最小限度,完整地收集所需要的资料。结构性访谈有明确的信息指向,谈话误差小,便于对不同被访者的回答进行比较分析。一般来说,量的研究通常采用结构性访谈。结构性访谈的注意事项:结构性访谈的方式必须按照统一的标准选取(一般采用概率抽样);所有需要受访者回答的问题,提问的次序和方式,甚至记录的方式都完全统一。适合大范围的调查研究,或者需要进行定量研究分析的课题。

(2) 非结构性访谈。非结构性访谈也叫自由式访谈,它不需要事先制订完整的问卷和详细的访谈提纲,也不规定标准的访谈程序,整个访谈程序仅按照一个粗线条的访谈提纲进行,由调查者和受访者进行自由的交谈。访谈者能根据需要灵活地转换话题、变换提问顺序和方式以及进一步追问重要线索,获得更深层次的访谈信息。非结构性访谈可以深入收集更加丰富的资料。非结构性访谈适合探索性研究或者需要做深度定性研究分析的课题。通常质的研究、心理咨询和治疗常采用这种非结构性访谈。

（3）半结构性访谈。半结构性访谈是一种介于结构性访谈和非结构性访谈之间的访谈方式，指调查者对访谈的结构具有一定的控制作用，访谈者可以在访谈进程中对事先拟定的访谈提纲进行调整，但同时也允许受访者积极参与，给受访者留有表达自己观点的空间。半结构性访谈同时具有结构性访谈和非结构性访谈的优点，它可以避免结构性访谈缺乏灵活性的缺陷；也可以避免非结构性访谈费时、费力、难以做定量分析等的不足。半结构性访谈的注意事项：访谈者事先准备粗线条的访谈提纲，根据自己的研究设计对受访者提出问题。访谈提纲主要作为一种提示，访谈者在提问同时鼓励受访者提出自己的问题，并且根据访谈的具体情况，对程序和内容进行灵活调整。随着研究的深入，逐步转向半结构性访谈，重点就前面访谈中出现的重要问题以及尚存疑问进行追问。

**（二）依据受访者数量划分**

依据受访者数量划分，可分为：

（1）集体访谈。集体访谈指调查者约请若干调查对象，通过座谈的方式了解情况、收集资料等，也可称为团体访谈或座谈。通过集体访谈的方式进行调查能在较短的时间内收集到大量的访谈数据。但是，涉及敏感问题时，不易获得被访者的真实想法。集体访谈的注意事项有以下几个方面。第一，规模要适当。关于英语教学的集体访谈一般以 6～8 人为宜，要注意参加人员的代表性。第二，访谈前的准备要充分。组织者事先制订访谈提纲，内容要围绕主题。第三，讨论氛围要轻松。访谈者应注意避免权威式的主持风格，以免左右调查对象的意见，要能让受访者自由地发表各自看法。

（2）个别访谈。访谈员对受访者逐一进行的单独访谈叫个别访谈。个别访谈的优点是访谈者可以和受访者直接接触，能得到真实可靠的资料。这种访谈有利于受访者详细地表达真实的看法，访谈者与受访者有更多的交流机会，访谈内容更加真实可信。个别访谈的注意事项为：访谈氛围轻松的同时，要注意避免过多的感情色彩，避免访谈者和受访者之间的玩笑、调侃等，要保持一定的严谨与客观真实，以保证访谈结果的真实性。

**（三）依据访谈次数划分**

依据访谈次数划分，一般可分为：

（1）一次性访谈。一次性访谈又称横向访谈，是指在同一时段对某一研究问题进行一次性收集资料的访谈。访谈内容是以收集事实性资料为主，内容比较单一。

（2）重复性访谈。重复性访谈又称纵向访谈或多次性访谈，指多次收集固定研究对象有关资料的跟踪访谈，即对同一样本进行两次以上的访谈来收集资料。

重复性访谈有两种,分别是深度访谈和跟踪访谈。深度访谈中,研究者可以对问题由浅入深地展开调查,来探讨深层次的问题。美国学者塞德曼指出深度访谈至少应进行三次以上。跟踪访谈,常用于个案跟踪研究。例如,调查一位英语教师科研能力水平提升的跟踪访谈,可以多次重复访谈,以了解其学术能力提升的本质原因。

### (四) 依据访谈内容与目的划分

依据访谈内容与目的划分,一般可分为:

(1) 学术访谈。学术访谈是以学术研究为目的进行的严谨的访谈方式,访谈内容和过程经过合理的设计。访谈中避免八卦与玩笑,讲究客观真实。

(2) 娱乐访谈。娱乐访谈是以挖掘娱乐信息为目的进行的访谈,访谈者和受访者可以开玩笑调侃,需要访问者用技巧去灵活挖掘信息。

(3) 社会访谈。社会访谈以探究客观事实为目的,访谈氛围相对比较严肃,无感情色彩,一般要求受访者严肃、严谨、客观真实地回答问题。

除了上述访谈分类外,还有其他一些访谈方式。依据访问者和被访问者的接触方式,可以分为面对面访谈、电话访谈、网上访谈。依据访谈的正规程度,可分为正规型访谈与非正规型访谈等。

## 第二节 访谈法的设计与实施

访谈法被广泛运用于教育教学调查、心理咨询、征求意见等,更多用于个性、个别化研究;它适用于调查的问题比较深入、调查的对象差别较大、调查的样本较小或者调查的场所不易接近等情况。访谈的设计与实施从某种程度上决定访谈结果的可靠性、真实性,是访谈调查的关键环节。

### 一、访谈法的设计

科学严谨的访谈设计是保证访谈能够顺利进行的前提。访谈法的设计应考虑访谈设计的原则、制订访谈计划、准备访谈提纲、试谈与修改访谈提纲,同时要加强对访谈员访谈技能的培训。

#### (一) 访谈设计的原则

访谈设计需要遵循一定原则,以此保证访谈的顺利开展与实施(见表3.2)。

**表 3.2　访谈设计的一般性原则**

| | |
|---|---|
| 1 | 涵盖访谈者应该从访谈中了解的主要问题和覆盖的内容范围 |
| 2 | 分解问题,提炼研究问题中涉及的概念所包含的维度,列出一至几个提问方向 |
| 3 | 访谈问题不同于研究问题,访谈问题应该比较具体 |
| 4 | 应该清晰易懂、简单具体、具有可操作性 |
| 5 | 8~12个问题比较恰当 |
| 6 | 访谈提纲所涉及的内容应该包括什么样的问题以及如何提问 |
| 7 | 少用封闭型问题,多用开放型问题 |
| 8 | 在一些特殊情况下,受访者与访谈者也可以使用一些封闭性问题。例如,对自己的初步结论进行检验 |
| 9 | 少用抽象性问题,多用具体型问题 |
| 10 | 少用含糊型问题,多用清晰型问题 |
| 11 | 访谈提纲应该是随时进行修订的,前一次的访谈结果可以为下一次的访谈设计提供依据 |
| 12 | 提问由浅入深、由易到难 |
| 13 | 从开放问题到封闭问题 |
| 14 | 从近期情况到以往回忆 |
| 15 | 不预设答案 |

如果访谈是采用团体访谈方式进行,要注意遵循以下原则与注意事项(见表3.3)。

**表 3.3　团体访谈的原则**

| | |
|---|---|
| 1 | 在访谈正式开始时建议每个参与者作简短发言,让所有参与者都积极参加讨论 |
| 2 | 在访谈正式开始时可以请参与者在发言前简短写下自己的想法 |
| 3 | 引入话题开始宽泛逐步收紧 |
| 4 | 转换话题流畅自然,避免强制和操之过急 |
| 5 | 让参与者相互之间进行平等对话 |
| 6 | 参与者相互之间进行交谈而不仅仅是与研究者谈话。访谈原则是让参与者之间相互说话,研究者在旁边观察和倾听 |
| 7 | 充分利用群体成员的互动关系深入探讨问题 |

续表

| | |
|---|---|
| 8 | 对研究现象不够了解时多提宽泛问题,在倾听中形成研究问题和理论假设 |
| 9 | 访谈者的角色是中介人、辅助者或协调人 |
| 10 | 访谈者必须有意识地保持低调姿态 |
| 11 | 访谈者严格采取不干预政策 |
| 12 | 访谈者在访谈期间要认真记笔记 |
| 13 | 访谈结束时请每位参与者总结看法或补充 |
| 14 | 结束时,研究者避免作概括性评价 |
| 15 | 进行预研究时,使用的访谈问题与抽样人群应与正式访谈时一致 |

## (二) 制订访谈计划

制订访谈计划包括:

(1) 确定访谈内容。访谈内容一般分为三类:事实调查,由被访者提供自己确实知道的一般情况。意见征询,征求被访者对某些问题的意见、观点。个人的基本情况,包括个人经历、兴趣、爱好信仰、思想特点、个性特征、心理品质以及家庭情况、社会关系等。

(2) 设计访谈问题。访谈研究问题主要源自研究人员对某种现象的关注。英语教学理论文献专著的阅读,参加的学术会议,与同行、专家的讨论,都是研究问题的来源。找到研究问题后,研究人员需要选择适合访谈研究的问题类型。将问题细化为描述性问题、探索性问题及解释性问题。研究问题切忌大而空,一定要具有可操作性与可行性。在设计访谈问题时,可以根据所阅读的文献来确定访谈的问题。也可以在正式访谈前,与相关人员进行非正式访谈,了解相关信息,帮助访谈者设计访谈提纲。研究问题基本确立后,需要进行文献综述,根据文献的查找、筛选、阅读,重新调整或细化研究问题。此过程应该是循环往复、螺旋式上升的。

(3) 筛选研究对象。访谈对象的选择是重要的环节,需要根据研究目的确定选择什么样的访谈对象以及访谈对象的数量。筛选研究对象应该注意以下几个方面:

① 首先要确立筛选研究对象的标准,此筛选标准应直接反映研究目的。

② 可以先通过一些非正式的侧面的了解,筛选出能够提供真正有价值的内容的访谈对象。

③ 访谈对象的选择可以采取随机抽样,更多的是目的抽样。

④ 研究人员给研究对象发出邀请。书面邀请是正规问卷调查中的国际通用做法。在邀请信中要详细介绍研究目的、研究对象需要做的工作、研究对象拥有的权利,以便研究对象决定是否参加这项活动。

⑤ 团体访谈人数最好是 6~10 人,团体数量 3~4 个或 6~8 个。
⑥ 团体抽样时注意同质性,选择对研究的问题是否感兴趣和有不同看法的受访者。

(4) 确定访谈方式。访谈方式的选择依据主要是调查研究的目的、调查研究的性质、调查研究的时间紧迫性、研究经费等。如果是探索性研究,则选择非结构性访谈。如果是短时间内获得较多人的态度与观点,则选择结构性访谈。选择访谈方式应注意的具体事项:对访谈形式和风格的选择应该依据研究问题、目的、对象、情境和研究阶段不同而有所不同,必要时候可以结合不同的方式。最好不要使用间接访谈。个别访谈和集体访谈可以结合使用。正规型和非正规型访谈结合使用,相互补充和交叉检验。多次性访谈用于追踪调查或深入探究某些意义类问题。收集的资料要尽可能达到饱和状态。

(5) 确定访谈时间、地点及风格。如果是个人访谈,为保证访谈顺利进行,访谈时间与地点最好由被访者选择。如果是集体访谈,可征求被访者的意见,由访谈者和被访谈者双方沟通,确定合适的时间与地点。从具体访谈时间看,每次访谈的时间应该在一个小时以上,但是最好不要超过两个小时。一个比较充分的收集访谈资料的过程应该包括一次以上的访谈。从具体访谈地点看,应该尽量以受访者方便为主。一般选择受访者熟悉的地方或者受访者觉得方便的地方。尽量选择安静的、无人打扰的地方。根据访谈形式和风格,对访谈地点的场景布置、桌椅摆放进行优化,营造适合访谈的环境。如果是团体访谈,座位尽量排成圆圈,让受访者自由就坐;研究者最好坐在一起。通过聊天等方法创建和受访者之间友好、轻松、融洽的氛围。

(6) 准备访谈工具。访谈调查中所用的访谈工具一般包括:访谈问卷、访谈提纲、访谈记录表、照相机、录音机、纸张、文具、证件、各种证明材料等。要确保录音设备能正常工作,访谈前同时要确保录音设备已经打开。

(7) 确定数据收集方法。研究问题决定数据收集的方法,要从以下方面去思考:需要哪些研究数据?如何分析这些数据?这些数据分析可能得到的结果是什么?这些数据之间有什么关系?这些数据能否让研究人员从不同角度分析研究问题?研究数据不是等着研究人员去收集的,而是需要研究人员根据自己的判断去确定,再决定获得所需数据的方法。

(三) 准备访谈提纲

在结构性访谈中,需要事先编制访谈提纲,问题设置可以包括开放式问题,也可有封闭式问题。由于访谈问题是以口头提问方式呈现,所以问题的表述要通俗易懂,较口语化。在非结构性访谈中,访谈者也需要事先制订一个概括性的提纲。在提纲中确定访谈的程序、主要问题以及问题的排列顺序。

访谈提纲的设计应遵照循序渐进的原则。首先,问一些简单易答的导入问题或者背景性问题。接着,问一些宏观类的问题。然后再问重点问题。最后,在访谈结束时,补充一些没有问到或者采访过程中临时添加的问题或者受访者感兴趣的问题。

### (四) 试谈与修改访谈提纲

在拟定访谈提纲后,正式进行访谈之前一般要安排一次试谈。试谈的目的是检查设计的问题和提问的方式是否恰当,被访问的问答是否与希望获取的信息资料比较吻合;试谈的对象不应与正式访谈是同一人。试谈时要做详尽的记录,以便发现问题设计的不足。如果没有试谈的条件,也可就访谈设计请教同行专家,以达到最好的访谈准备状态。如发现问题,应及时调整和修改。

### (五) 加强访谈者的访谈技能与素质

在访谈正式实施前,需要加强访谈者自身的访谈技能。访谈调查需要访谈员与被访者的沟通互动,访谈者的素质从某种程度上决定访谈的成功与否。访谈者需要具备听、说、读、写的技能,需要熟悉掌握访谈的技巧与方法。访谈者着装要整齐得体,提前到达访谈地点。访谈者与被访者不会有超出握手的身体接触。

## 二、访谈法的实施

访谈法的实施包括以下步骤与内容:访谈前的介绍与说明、建立融洽的访谈气氛、访谈的提问与追问、访谈的倾听分类与原则、访谈的回应、做好访谈的记录、访谈的结束。

### (一) 访谈前的介绍与说明

进入访谈现场,访谈者应尽快接近被访者,再次向受访者介绍自己的身份、研究单位和访谈涉及的课题;简要说明访谈的目的、意义、内容。就访谈交谈规则、自愿原则、保密原则、录音问题等进行磋商。必要的话,可以出示自己的有关证件,以消除被访者的疑虑,求得理解和支持,增加被访者对访谈者的信任,这是访谈顺利进行的第一步。与受访者初次接触时,就访谈次数和时间长短进行磋商,并告知受访者可随时退出研究。

### (二) 建立融洽的访谈气氛

良好的气氛是保证访谈调查成功的重要条件。在双方有了初步的接触、被访者表示愿意接受访谈时,访谈者可以从对方熟悉或关心的话题谈起,以消除对方紧张戒备的心理。或者关心被访者,建立信任与融洽的气氛,在建立起初步融洽的关系后,再进入正式访谈。

## (三) 访谈的提问与追问

（1）访谈的提问。访谈者可以按照事先拟定的访谈计划进行正式访谈。访谈过程中，访谈者要按照访谈计划中确定的访谈内容、访谈方式、问题顺序等进入访谈，以保证访谈的效果。访谈中的提问一般有以下技巧（见表3.4）

表3.4 访谈的提问技巧

| | |
|---|---|
| 1 | 提问方式、词语选择以及问题的内容范围要符合受访者身心发展程度、知识水平和谈话习惯，要能够使对方听懂 |
| 2 | 尽量熟悉受访者语言，用受访者听得懂的语言进行交谈 |
| 3 | 参照访谈提纲进行提问，也不必强行按照访谈提纲的语言和顺序提问 |
| 4 | 访谈者要自然、主动、随机应变 |
| 5 | 如果研究的问题属于敏感性话题，可以采取迂回的方式进行提问 |
| 6 | 如果受访者性格内向不善言谈，可以采用启发式进行提问 |
| 7 | 随机应变，不能只是按照自己事先设计的访谈提纲依次抛出问题 |
| 8 | 提问不带有前提性或倾向性 |
| 9 | 提问没有诱导性和暗示性 |
| 10 | 可以使用绘画、照片、卡片等辅助工具 |
| 11 | 要遵循的基本原则是受访者能听懂；了解受访者的真实意图，进入其内心世界 |

（2）访谈的追问。访谈者要把握追问的时机与度，追问不要在访谈开始阶段频繁进行。要做到先扬后抑，开始时任其畅所欲言，不在中间随意打断；先听后问，记下需要追问的重要问题。就细节追问，敏感问题发问，就受访者提及的观点、概念、语词、时间、行为进行进一步探询。追问时要将自己的前见悬置，全身心倾听对方谈话。访谈的追问内容包括：对与研究问题相关的概念进行追问，对研究问题中没有想到的信息进行追问，对与研究者想象相反的信息进行追问。

## (四) 访谈的倾听分类与原则

访谈的倾听分类包括三种。行为层面的听，即积极关注地听，把自己全部的注意力都放在受访者的身上。认知层面的听，即接受地听，探询受访者所说语言的背后含义。在接受的听的基础上建构的听，也就是积极地与对方进行对话，与对方共同建构对"现实"的意义。情感层面的听，即与受访者在情感上达到共振。访谈的倾听原则包括不轻易打断受访者的谈话，同时要容忍受访者的沉默。

## (五) 访谈的回应

访谈者对访谈回应的方式会很大程度影响受访者的回答、影响访谈结果的真实性与可靠性。

（1）访谈者对访谈回应的适宜类型：① 认可。言语行为，如"很好""对""是吗"；非言语行为，如点头、微笑、鼓励的目光等。② 重复、重组和总结。从访谈者角度对受访理清所谈的内容；帮助访谈者确认自己的理解是否准确；鼓励受访者继续谈下去。③ 自我暴露。以类似的经历或经验回应受访者，赢得对方的信任。"去权威"，拉近与受访者的距离。④ 鼓励对方。消除受访者的顾虑；安抚受访者，使受访者避开为难的问题。

（2）访谈者对访谈回应的不适宜类型：① 论说型，不宜使用社会科学中一些现成的理论或者个人经验回应受访者。② 评价型，不宜对受访者的谈话内容进行价值上的判断。

### (六) 做好访谈的记录

从访谈的研究内容看，访谈记录一般包括四种形式：① 内容型记录，记录受访者在访谈中所说的内容。② 观察型记录，记录访谈者所看到的东西，如场地、环境、衣着、神情。③ 方法型记录，记录访谈者自己使用的方法，以及这些方法对受访者访谈过程和结果所产生的影响。④ 内省型记录，记录访谈者个人因素对访谈的影响。如性别、年龄、职业、想法、举止态度。从访谈的记录工具看，访谈记录一般包括笔录和录音两种方式，这也是访谈中最常用的方式。

记录访谈调查内容，要做到客观准确，尽可能完整全面地按被访者的回答记录。不能加入访谈者本人的主观意见。记录时可对某些不太明确的回答做记号，以便在追问中提出，避免曲解被访者的原意。访谈后要及时整理分析访谈记录。

### (七) 访谈的结束

选择适当时机终止访谈。以轻松、自然的方式终止，访谈结束不必有借口。可以"针对……您还有什么要说的吗？""您接下去还有什么活动吗？"句式结束访谈。如需进行后续访问，询问受访者的意见，商量下次访谈的时间和地点。再次许诺自愿和保密原则。访谈者对受访者表示感谢。

## 第三节  访谈法的数据整理与分析

访谈法的数据整理与分析具体包括访谈数据的转写、访谈数据的管理、访谈数据的编码、访谈数据的效度验证、数据分析与结论形成。

## 一、访谈数据的转写

访谈数据的转写包括以下步骤,标准化转换、整合离散、规约化、验证效度、分析构建。访谈数据转写过程中,有以下标准与原则(见表3.5)。

表 3.5 访谈数据转写的标准与原则

| | |
|---|---|
| 1 | 访谈的音频数据一般被处理成文本的形式 |
| 2 | 转写软件 F4 可以放慢音频数据的说话速度 |
| 3 | 微软 Office 软件可以使数据转写更简单 |
| 4 | 倘若访谈数目较多(超过 50 个)或研究理论本身要求添加行号时,使用以行号为主对转写稿进行编注 |
| 5 | 根据需要,可以采用以话轮为主对转写稿进行标注 |
| 6 | 对转写稿进行正确的编号。如,苏父峰 08/10/19:【苏是受访者儿童的代号,峰是该儿童父亲的代号,时间 2019 年 8 月 10 日。】 |
| 7 | 访谈者常用的符号或代号是 I、IV、INT 也可以是访谈者的代码 |
| 8 | 在集体访谈中,受访者较多,转写稿中的名字可以使用 I-John 或 I-Tom 等加以区别,必须确保每个名字拼写一致,以便检索 |
| 9 | 在页面右边设置"边距",有利于后期的数据分析时添加编码和注解 |
| 10 | 转写稿行距一般是 2 倍或者 1.5 倍行距,有利于在文本上画底线、评价评论、圈选内容 |
| 11 | 当研究目的是研究语言所表达的具体细节内容时,可以采用逐字转写法 |
| 12 | 当研究需要关注除内容之外的语调、停顿等时,可以采用对话分析转写法 |
| 13 | 当更需要关注语言所表达的实际内容,而不是语言表达和使用的细节时,可以采用重点转写法 |
| 14 | 若访谈时只用一支笔、一个笔记本,访谈结束后应立即进行转写。最大限度确保信息的完整性和准确性 |

## 二、访谈数据的有效管理

在电脑中用好的有规律的文件名对数据进行管理。好的有规律的文件名应该包括:研究对象的化名、研究地点、使用的研究方法、数据收集的日期或访谈者的名字,如 Su-(school)-observation-07/07。建立一个基本的数据管理结构有利于后期的数据分析。数据管理层级结构包括母文件夹、一级文件夹、二级文件夹。

### 三、访谈数据的编码

研究人员会辨识一些段落,然后将段落与某概念进行关联,这种关联就是编码。从数据中找到能够回答研究问题的例证;总结与研究问题相关的主题;并发掘主题与主题之间的关联。当研究人员在通读数据和分析数据之前就可以列出可能的关键主题概念时,可以以概念为导向创建编码。在没有既定编码表的情况下,可以以数据为导向创建编码。研究人员常常同时使用以上两种方式创建编码。在数据分析的初始阶段,编码内容都应包括以下内容:事件、参与者、背景、活动、价值。在创建编码并进行数据标注后,研究人员还需对标注好的编码建立层级,即编码阶层或编码索引。

### 四、访谈数据的效度验证

访谈者将访谈的转写稿发给受访者去验证数据。若某项研究有多位访谈者或研究者,他们之间在数据收集和分析的过程中也可以互相验证。研究人员可通过所收集的各种数据(访谈、观察、资料)对数据的有效性进行验证。另外可以采用三角验证法进行验证。

### 五、数据分析与结论形成

通过写备忘录、日记、总结和内容摘要、画图表、与外界交流等方式进行访谈数据的分析。在已有研究的基础上,形成结论,进行理论建构等。

>  案例展示 

案例背景:王小港在论文《认知语境视阈下高中英语词汇教学策略研究》中以当前高中英语词汇教学的现状为着眼点,通过分析当前词汇教学存在的问题及其原因,试图在认知语境理论的指导下,提出教师在高中英语词汇教学方面的相关策略,以期为提高高中英语教学质量提供借鉴。该研究问题包括:当前高中英语词汇教学的现状、问题及产生原因?认知语境理论指导下,教师英语词汇教学策略有哪些?

研究者为进一步了解学生们对认知语境下英语词汇教学的态度与看法,对实验班6名学生的访谈结果进行了整理和分析。对于问题一,学生们认为:现在的词汇学习更具"技巧"性了,以前会在掌握单词的正确读音之后,背中文释义、背拼写,现在会先想方设法理解词汇,关注其背后的社会文化意义,思考它的实际运用场景。对于问题二,学生们则表示:一时较难适应现在的词汇教学方式,需要花费一定的时间去关注单词外的东西,但是,运用这样的策略学习词汇更具趣味性,一旦掌握学会运用,就不容易忘记。对于问题三提到的情景问题,学生们表示不难理解,教师所呈现的情景都是自己熟悉的,能够理解的,自己也有兴趣参与。对于问题四,学生们表示:现在会有意识地关注词汇间的关联,也在尝试构建词汇网络,感觉对词汇的记忆更加清楚、持久了,但是在同一个主题下所关联的词汇数量是有限的,一般为3~4个。对于问题五,学生们的回答有较大差异。其中,有四个人认为对他们帮助最大的前三个策略是:"巧妙呈现,关联认知语境""创设情境,鼓励运用"和"基于认知,鼓励猜词",教师所运用的这些策略,帮助自己在一定程度上减少了机械记忆的量,提高了词汇学习的兴趣。当然,学生们也指出了一些对于自己来讲效果不太显著的策略,如"注意归纳和总结",其效果不显著的原因如下:一是迫于其他科目的作业负担,再加上没有教师的引导,自己很难在学过一段时间后,对以前所学内容进行归纳和总结。二是学习单元词汇时也在教师的引导下对其进行了一定的梳理,但随着所学内容的增多,单元之间缺少一定的联系与扩充。

## 访 谈 提 纲

1. 请问你觉得现在的词汇教学方式与之前有什么不同?你对词汇学习有什么新的认识吗?

2. 你认为认知语境下的词汇教学会增加你的认知负担或任务量吗?

3. 教师所呈现的情景是否真实、并在自己理解范围之内?你有兴趣参与吗?

4. 你现在会有意识地构建词汇语义网络吗?它对于你记忆词汇有什么作用?

5. 你觉得哪种词汇教学策略对你更有效?其他"无效"策略可能是什么原因导致的?

(资料来源:王小港.认知语境视阈下高中英语词汇教学策略研究[D].延安:延安大学,2020.)

# 第四章 实验研究法

实验研究法是通过控制和操纵一个或多个自变量并观察因变量的相应变化以检验假设的研究方法,原是自然科学研究的基本方法之一,后被引入社会科学。实验研究法在认识教育教学规律过程中发挥着重要作用,它透过教育教学现象,以严格的科学设计方法和实证评价去揭示教育教学的本质,是教育教学中常用的研究方法之一,有助于发现教育教学规律,发展和检验教学理论,为新的科学理论假说应用于教育实践寻求操作程序。

## 第一节 实验研究法概述

任何一项课题研究都要依据一定的方法来进行,实验研究法就是其中一种重要的方法。实验研究方法首先是在自然科学中得到运用并成为其主要研究方法。从文艺复兴时期开始,正是由于实验方法的采用,才使自然科学建立了理论与经验事实的联系,推动了自然科学的飞速发展。近几十年来,社会科学的研究人员越来越认识到实验方法对于学科发展的重要性,开始努力将实验方法运用于各自的学科。顺利开展实验研究的前提是研究者能深入理解实验研究的基本内涵、功能、类型等,在此基础上,根据实际研究的需要,选择合适的实验研究类型,进行设计与实施。

### 一、实验研究法的内涵

#### (一) 实验研究法的概念

实验研究是一种受控的研究方法,通过一个或多个变量的变化来评估它对一个或多个变量产生的效应。实验的主要目的是建立变量间的因果关系,一般的做法是研究者预先提出一种因果关系的尝试性假设,然后通过实验操作来进行检验。不同学者对实验研究法有不同的理解与认知。陈坚林(2004)认为,实验是一种对自然有控制的观察,其实质是有效控制、清晰观察、准确定位。实验研究法主要特点是在适当控制可能影响实验结果的无关变量的情况下,探讨实验变量和因变量之间的关系。刘润清(2015)提出:实验研究就是设计一个能反映研究对象本质特征的情景,并使研究对象不受实验变量以外的因素所干扰,然后对其实施处理,以观察某种特性的变化,从而检验实验处理与该种特性之间的因果关系假设。文秋芳(2011)把实验研究定义为:为验证某理论或假设所开展的有计划的实践,研究者通过操纵自变量,观察因变量的变化差异,确定两者之间的因果关系,得到一定的科学结论。邵光华、张振新(2012)等学者提出:实验研究是人们根据研究的目的,利用科学仪器、设备或材料,人为地操控一些条件,使所要研究的现象发生,通过观测现象的变化来研究事物的一种方法。而教育研究是以一定的理论假设为指导,根据研究目的,有计划地、尽可能地控制无关变量,操纵实验变量,观测与此相关联的因变量的变化,用以解释教育因果关系,深入认识教育规律的研究方法。

实验研究法的目标是测量自变量对因变量的影响,理解因果关系。实验研究的前提是自变量与因变量之间的相关性必须达到90%以上,才可以进行实验法研究;在低于90%相关度条件下进行的研究,不具备研究价值。实验研究的实质是有效控制、清晰观察、准确定位、解释因果关系、探究因果关系背后的规律。

实验研究要遵从一定的原则。操纵自变量和人为干预不能违背伦理道德和社会舆论,应在充分考虑伦理道德因素的前提下进行研究,禁止对学生进行风险性实验。不干扰正常教学,不过分强调对干扰变量的控制,不宜长时间让学生处于一种可能效果不佳的学习环境中,以免不当的教学活动耽误学生的学习。同时强调随机化原则、可控制原则、可重复原则。

### (二) 实验研究法的意义与功能

实验研究的意义和功能表现在以下方面:第一,检验、修改和完善教育理论。通过提供有意义的可靠的信息,教育教学实验研究可以对现有教育教学理论进行筛选、改造、提炼、发展和完善,也为发现和揭示新的教育特点和规律提供必要的基础。通过实验研究,我们能发现未知并开拓新的研究领域,从而不断加深对教育教学发展规律性的认识。第二,为新的科学理论假说应用于教育实践寻求操作程序。教育实验研究承担着揭示教育规律、获得普遍认识的任务,它不仅能解释、检验和修正、发展旧理论,还可形成新的教育理论及教育教学模式。当研究者提出一套完善的教育教学理论后,必须通过教育实验将理论转化成可操作的实验方案以付诸教育实践,才能发挥科学理论的指导作用。通过实验,一方面寻求将这些理论具体化并运用教育教学实践过程的操作程序;另一方面,实验的结果又将进一步检验、充实、完善这些理论的科学性、先进性和可行性。第三,促进教育实践的改革与发展。教育实验是研究性和教育性相统一的活动,因而它在发挥检验、修正、发展或否定某种理论或假说的同时,还发挥着它的实践功能。通过教育实验,人为地创设一定的系统和环境,在科学教育理论指导下改革教学内容或教学方法,从而帮助学校与教师提高教育教学质量,改进教学环境,提升教师素质,深化教育改革。

## 二、实验研究法的相关概念

实验研究方法涉及的概念主要有:研究假设、常量、变量、实验处理与实验变异、前测与后测、实验组与对照组、配对与随机化、效度和信度、无关变量的控制。

(1) 研究假设。研究的问题一旦被明确界定后,就应建立研究假设。所谓研究假设,就是根据一定的观察事实和科学知识,对研究的问题提出假定性的看法和说明。其实,研究假设也就是研究问题的暂时答案。通过对周围事物的观察后,研究者会产生一些疑问,进而对这些疑问进行思考,会根据自己的理解,或查阅有关资料,或请教有关人员,然后提出假设,对疑问作一种临时性的回答;假设与定理或结论本没有很大区别,只不过假设是有待证实的定理或结论,定理或结论是已经证实的假设。二者仅有程度上的差异,没有性质上的区别。假设是刚开始研究问题时的看法,具有一定的猜测性和假定性,但假设要有一定的科学依据,有一定的事实或理论根据。

(2) 常量。常量是指研究课题中所有个体都具有的特征和条件。如比较两种不同教学模式对大一新生英语学习者学习成绩效果影响的研究中,年级就是一个常量,因为大一新生这一特征对每一个个体都是相同的,它是研究课程中不变的条件。

(3) 变量。变量是研究设计初期就要考虑的问题。变量指随时间变化而变化或因个体不同而有差异的因素。在研究设计中,对变量要有严格的操作定义,即变量可观察指标的具体陈述。变量操作定义的质量,将直接影响研究的可重复性、结果的可检验性以及研究的普遍意义。变量的分类如下:

① 自变量。指研究者主动操纵、掌握的变量。自变量是另一变量变化的原因,用来预测的变量,是研究者为了研究它们对因变量发生什么作用,或它们与因变量有什么关系而选择的变量,又称"刺激变量"。自变量测"原因"。具体分类包括操纵性自变量和非操纵性自变量(如性别、年龄、父母职业等)。

② 因变量。因变量是自变量作用的结果,指被预测的变量,是研究者观察自变量变化对它们产生何种作用的那些变量,如人或环境发生变化后产生的结果,又称"反应变量"。因变量测"结果",因变量随着自变量变化而变化。因变量测量指标要考虑敏感性、客观性、稳定性、经济性等。

③ 调节变量。在自变量和因变量的关系中起一定的调节作用,这种作用在一定情况下可能影响自变量和因变量之间的关系,又称次自变量。

④ 无关变量。是可能会影响因变量而干扰实验结果的自变量。无关变量的控制方法有随机化法、消除法、平衡法、恒常法、盲法与统计处理。

⑤ 控制变量。控制变量是指实验过程中其值保持不变的自变量,它不同于控

制组。采用控制变量的目的是使非研究变量产生的影响尽可能地小,而控制组的目的是用于排除各种外部变异源包括研究者未发现的因素对因变量的影响。

⑥ 介入变量。指不能经过人的感官(无论借助仪器与否)直接觉知其质或量的变量,是无法观察的内在心理过程;受到自变量和调节变量影响,而又反过来影响因变量。如研究对象的智力、态度、情绪、习惯、兴趣及价值观念等。

(4) 实验处理与实验变异。实验处理(experimental treatment),又称实验刺激(experimental stimulus),它是指研究者为了弄清自变量的变化对因变量产生的效应,对自变量施加的控制行为。研究者关心实验处理所引起的因变量的变异,这种变异称为实验变异(experimental variability)。问题在于因变量的变异不只是来自实验处理,测量误差的随机干扰以及未接受实验处理的其他自变量也是引起因变量变异的因素。由于实验处理之外的因素引起的因变量的变异称为外部变异(experimental variability)。

(5) 前测与后测。分别是指在实验处理之前和之后对实验对象所作的观察或测量,它们可以帮助我们比较实验处理前后发生的情况,找出因变量发生的变异。

(6) 实验组与控制组。实验的难点往往就在于如何消除外部变异而凸显实验变异,或者区分因变量的哪些变异属于实验变异,哪些属于外部变异。这需要控制变量和控制组来实现。仅有前测和后测还不足以判断出实验变异有多大,因为因变量的变异可能包含部分外部变异,这就需要引入控制组。在实验研究中,接受实验处理的一组研究对象称为实验组(实验组可能有多个),不接受实验处理的一组研究对象称为控制组(控制组也可能有多个)。实验结束时,比较实验组和控制组便可看出实验处理产生的差异,控制组提供了测量实验变异的参考点。实验组和控制组在实验过程中,全都处于同一条件下,只是实验组研究变量接受了实验处理。因变量在实验前后的变化应完全来自研究变量接受实验处理的结果,然而,要判断这种差异是否只来自实验处理,还必须比较实验组和控制组实验结束时的状态。

(7) 配对与随机化。为了比较实验组和控制组的状态并确定研究变量产生的影响,两组的组成要素必须尽可能类似,否则,实验结果将是一种混合效应,无法说明问题。为了避免这类问题,使实验组和控制组的组成要素(样本)具有相同的条件,可以采用配对和随机化两种方式。

配对是指对研究对象分组时,先找出具有相同属性的两个研究对象,将其中一个分派到实验组,另一个分派到控制组,然后以同样的方法一对一对地分派,直至形成两个组。这样形成的两个组在理论上是完全相同的,但在实践中却很难做到,因为世界不可能存在两个完全相同的研究对象。为了克服这种困难,可采用不太严格的配对法,使两个组在各种特征上的比例大致相同;或者在某一主要影响变量的分布和方差上大致相同。

随机化是以随机分派的方式将实验对象分派到实验组和控制组(或各个不同

的实验组)。在大样本情况下,按照随机抽样的原则,各个组实验对象的构成、条件基本相同,外部因素对其影响也是等同的。即使会出现一些误差,也只可能是抽样误差,而不是系统误差,从而使实验结果凸显出实验处理的效果。随机化无须对研究对象的各种属性进行研究,应用方便,成为最常用的方法。

但在小样本情况下,随机化分配样本也会出现实验组和控制组研究对象不对称的情况。这时可采用配对和随机化相结合的方法(即分块法),样本先按某关键变量配对,然后随机分配。分块后,尽管比随机化分配的情况要好,但是否要分块,取决于分块的复杂程度(即其成本)。

(8) 效度与信度。效度是指研究方法、手段和研究结果的有效程度,即正确程度或正确性。可分为内部效度和外部效度。内部效度指反映实验处理是否是因变量发生变化的唯一原因的程度,即实验刺激变量与反应变量之间的因果关系的真实程度。其影响因素包括历史、成熟、实验损伤、被试差异、持续时间、测试效应、测量工具、统计回归、处理的泄漏与模仿、补偿、弥补性竞争。外部效度指的是实验结果的概括性和代表性。外部效度的影响因素包括选择倾向与实验变量的交互作用效果;实验安排的反应效果;多重实验处理的干扰。内部效度是实验质量的根本保证,要优先考虑内部效度。外部效度是实现研究价值的基本途径,在保证内部效度的基础上,尽可能获得更大的外在效度。信度即可靠性,可信的程度,指采取同样的方法对同一对象重复进行测量时,其所得结果相一致的程度,即测量数据的可靠程度。

(9) 无关变量的控制。无关变量并不是与实验效果无关的变量,而是实验因素之外也影响实验效果的因素,只是这些因素不是实验所要探究的,需要加以控制,避免其干扰或污染实验效果的变量。在教育实验研究中,控制无关变量的方法很多,常用的有消除法、平衡法、恒定法和随机法等。

① 消除法。消除法是指实验者设法将无关变量尽可能地排除在实验之外,使实验环境尽可能不受干扰。在实际的实验研究中,有些无关变量难以消除,如被试的知识、经验、能力等。过多使用消除法,容易使实验情况失真,会引起被试的疑虑和紧张等,从而影响实验结果的信度。所以消除法在教学实验中应谨慎应用。

② 平衡法。平衡法是指在等组实验中,使无关变量对实验班和控制班的影响趋于平衡的方法。在教学实验中,通常采用使实验班与控制班教师水平能力相当,被试数量、成绩水平、智力等相近,教学内容相同等方法,使无关变量均衡地作用各组。平衡法操作相对简单,在教学实验研究中被广泛采用。平衡法的局限性是使无关变量对各组的影响效果完全相同是非常困难的。

③ 恒定法。恒定法是指在整个实验期间,尽量使所有的实验条件、实验处理、实验者及被试者恒定不变。在教学实验研究中,也可通过教室不变、实验时间不变、教师和学生不变等方式控制无关变量。然而在教育实验中,很多因素是难以恒定不变的。

④ 随机法。随机法是指在选择被试、安排实验处理顺序等许多实验环节上不受实验人员主观意图的影响,而由偶然机遇决定的方法。由于在一般情况下,教学实验研究不能打乱正常的教学秩序,所以实验往往在学校、班级、教师都确定的条件下进行,要做到通过随机的方法进行无关变量的控制是比较困难的。

另外控制无关变量,还可以通过人为和统计去控制无关变量。人为控制包括:随机抽样,一定样本量的基础上保证实验组对照组等同。限制变量,采取措施使得某种变量恒定。匹配分组,实验前根据某些关键的背景变量对受试组分组。匹配分组有一定的缺陷,研究对象是根据几个特征进行配对,他们在其他一些变量上可能不相等;若匹配特征与因变量不相关,会导致无效劳动。统计控制指受试者分层,将一个干扰变量作为调节变量,然后将受试者分组,再进行数据分析。

## 三、实验研究法的分类

实验研究的种类很多,根据不同的分类依据,有不同的实验研究类型。研究者可根据研究目的和问题,选取适当的实验研究类型。

### (一) 按实验场所划分

(1) 现场实验。现场实验又称自然实验,是指在自然的情境中,在适当控制的条件下进行的实验研究。

(2) 实验室实验。实验室实验是指研究者根据研究的需要,经过科学严谨的设计,在具有高度人工控制的环境中进行的实验。

两种实验类型相比较,实验室实验可以有效地控制无关变量,获得的结果精确可靠。而教学中现场实验不能完全控制无关变量,实验结果的准确性无法十分准确。另外,现场实验是结合教学活动进行的,能在较长时间内重复观察和分析,其研究结果能解决教育实践中的实际问题,在教育教学实践中,推广性较强。

### (二) 按实验研究的目的和任务划分

(1) 探索性实验。探索性实验一般是在人们对问题处于浅层次认识时,不知如何做好工作时所开展的一种研究。这种实验研究的目的是通过实验来了解实验因素是否对实验对象产生影响、影响的程度有多少,从而积累经验,形成较为完整的认识,提出较为有效的改革措施。

(2) 验证性实验。验证性实验是建立在人们对研究问题已有较多认识和充分实践后,对如何提高工作成效已形成较为完整的措施或方案的基础上,为了进一步验证设想或方案是否科学,通过实验研究来验证因变量和自变量之间是否存在一定的因果关系而开展的研究。

两种实验研究相比较,探索性实验和验证性实验的研究起点和目的不同,研究的要求和做法也有差异。

### (三) 按实验中所研究的实验变量

(1) 单因素实验。单因素实验是指实验研究中需要操控的实验变量只有一个的实验。

(2) 多因素实验。多因素实验是指同一个实验中,需要操控两个或两个以上的实验变量的实验。

### (四) 按实验控制程度划分

(1) 前实验。前实验是指对无关变量缺乏控制,难以验证实验变量与因变量的因果关系,只是在操控实验因素这一点上,符合了实验法的最起码要求。

(2) 准实验。准实验是指未随机分配被试,只把已有的研究对象作为被试,对无关变量做尽可能地控制,无法完全控制误差来源的实验。

(3) 真实验。真实验是指按照实验的科学性要求,随机地选择和分配被试,能系统有序地操控实验变量,完全控制无关变量和误差来源,结论可靠的实验。此类实验通常在实验室里做,在学校教育中比较难做,因为干扰因素较多,无法完全控制无关变量。

在教学实验研究中,一般开展的是准实验研究或前实验研究。除了上述类型之外,按照教学实验研究范围,分为单科单项实验、综合整改实验。按照分类形式分组,分为单组实验、等组实验和轮组实验。

## 四、实验研究法的优缺点

实验研究法有其自身的优点与缺点,主要有以下表现。

### (一) 主要优点

实验法的优点主要表现如下:第一,实验研究者有独立自主性,可以完全按照自己提出的假设来决定研究的变量、设计变量的水平等。但其他研究方法则要按现有数据和观测值给出假设。第二,从时序角度看,实验法是纵贯式研究,实验在一段时间内进行,可在多个时点进行测量,得以研究变量的动态变化。第三,更大程度地估计因果关系。实验方法比其他研究方法更容易估计因果关系,因为实验研究者可以通过操纵自变量来观察因变量的变化,还可以通过设立控制组来判断操纵的强度。第四,实验方法能够更有效地控制外源变量的影响,从而分离出实验变量并估计其对因变量的影响。第五,在实验方法下,可以通过调整变量和实验条件观察到常规状态下很难出现的极端值和交互作用。第六,实验方法是可以重复的,这是研究科学性的重要体现。

## (二) 主要缺点

实验研究对于揭示教育领域中诸现象之间的因果关系方面具有重要的意义。然而,其局限性也是不容忽视的,体现在以下方面:第一,实验过程包含许多变量和复杂的相互关系,仅用实验研究法不一定能够解决问题,必须与其他研究法相结合才能真正揭示规律。第二,实验研究适合于研究自变量数目较少且清晰、可以分解并操作的问题。第三,研究对象是人,研究结果不能完全重复,对研究人员要求较高。第四,实验设计离不开现有分析手段所达到的水平,当现有的测量工具还不能十分正确恰当地测量教育情景下的复杂行为时,对实验结果的分析也必然受到限制。第五,由于实验人员和实验过程可能会带来一些负面效应,容易带来研究伦理方面的问题。第六,严格控制的实验条件与真实的教学活动相差较远,高度控制的教学环境往往失真。

# 第二节 实验研究法的设计与实施

一般来讲,教育教学实验研究设计有广义、狭义之分。邵光华(2012)指出:广义的教育教学实验设计是指对教育实验整个过程的规划,包括确定问题、提出假设、确定实验的各种变量、选择被试、制订实施程序和方法、选择或研制评价方法等。这是一整套的计划方案。狭义的教育实验设计是指根据某实验的具体目的要求,对各种变量进行精心安排,以获得预期结果的一种模式。即狭义的实验设计主要涉及选择被试的方法、安排实验变量及其呈现方式、确定因变量的观测指标和观测方法、控制无关变量的具体措施、处理实验数据的方法等。

## 一、实验研究法的设计

实验研究的设计没有固定模式,可以根据需要选择自己认为合适的实验形式。各种实验设计均有利弊,在选择运用时,每种设计应根据实验情况和条件加以改进,因此要正确理解并灵活运用实验设计原理,设计出切合自己研究实际的实验模式。对于不同类型的实验,其有各自的设计及特点(见表 4.1、表 4.2、表 4.3)。

表 4.1　前实验、真实验与准实验设计及特点

| 前实验设计（非设计实验） | 因果关系弱 | 没有对照组没有随机抽样 | 不设控制组，是一种单组实验设计 |
| --- | --- | --- | --- |
| | | | 对因变量的测量不多于两次实验 |
| | | | 内在效度很低，对额外变量不能控制，可操纵变化的自变量 |
| | | | 对因果关系的推论可信度较低 |
| 真实验设计 | 因果关系强 | 有对照组有随机抽样 | 对被试者随机分组 |
| | | | 不是严格意义上的实验 |
| | | | 每个个案都有可能进入任意一组 |
| | | | 将被试者特征均匀分摊至任意一组 |
| | | | 控制了所有影响内部效度的主要因素 |
| | | | 自变量即实验处理大于或等于两个水平（有或无），后者即零水平 |
| | | | 强调实验组与控制组在实验开始时必须相等，以便实验结束后，组别间比较 |
| 准实验设计 | 因果关系居中 | 有对照组没有随机抽样 | 与真实验设计类似，但只是部分的真实验设计。只有在真实验无法进行时，才选择准实验 |
| | | | 不能随机分配被试者，只能按现有的被试范围（班级或群组），选择两个或多个自然群体进行实验 |
| | | | 无法完全控制无关因素（变量），只能尽量减少误差 |
| | | | 实验效度较真实验低，谨慎对待实验的结论 |

表 4.2　单组实验的设计及特点

| 定义 | | 用单一实验组为研究对象，施加一种或数种实验处理的实验设计 |
| --- | --- | --- |
| 单组后测设计 | 方法 | 无控制组，只有一个实验组进行某种实验处理，然后对组里的个体进行观察，测量实验处理的效果 |
| | 模式 | 实验处理　　　　　观测值<br>　　X　　　　　　　　O |
| | 优点 | 简单易行 |
| | 缺点 | 无控制组，无法与实验组比较 |
| | | 内在效度差 |

续表

| | | |
|---|---|---|
| 单组前后测设计 | 方法 | 在实验处理前先要对被试者进行一次测试（前测），然后给予被试者实验处理，实验处理后再进行一次测试，最后对前后测的结果进行比较分析，得出相应的结论 |
| | 模式 | 前测者　　　　实验处理　　　　后测值<br>$O_1$　　　　　　X　　　　　　　$O_2$ |
| | 优点 | 避免"被试差异"和"实验损伤" |
| | 缺点 | 无控制组可做比较<br>易受"历史""成熟""工具"等因素的干扰，因此内在效度不甚理想 |
| | 应用 | 在一般英语教学研究中甚少采用，慎用为好 |
| 单组相等时间样本设计 | 方法 | 先对一组被试者抽取两个相等的时间样本，实验处理只实施于其中的一个时间样本，而另一个不实施实验处理，然后再比较这两段时间的测试结果 |
| | 模式 | 　　　　　　　实验处理　　第一次处理后观测值　　第二次处理后观测值<br>第一时间段　　　X　　　　　　　$O_1$　　　　　　　　　　$O_3$<br>第二时间段　　　X　　　　　　　$O_2$　　　　　　　　　　$O_4$<br>注：通过"$O_1$、$O_3$、$O_5$……平均值"与"$O_2$、$O_4$、$O_6$……平均值"之间的差异，考察两种实验处理的不同效果 |
| | 优点 | 完全控制了影响实验内在效度的各种因素 |
| | 缺点 | 实验的外在效度会受到不同因素的影响 |
| 单组多因子实验设计 | 方法 | 以单组为实验基础，施以两种或两种以上的实验处理，每种实验处理都含有前后测，然后对各种实验处理的效果进行比较和分析 |
| | 模式 | 　　　　　　前测值　　　　实验处理　　　　后测值<br>实验组 1　　$O_1$　　　　　$X_1$　　　　　　$O_2$<br>实验组 2　　X　　　　　　$O_2$　　　　　　$O_4$<br>注：计算$(O_2-O_1)-(O_4-O_3)$ |
| | 优点 | 实验对象为同一组人员，且在两种不同结果比较的基础上得出的结论显得较为客观，信度较高 |
| | 缺点 | 实验的外在效度可能会受到"多重实验处理"的干扰 |

注：X 表示操纵的实验变量；O 表示观察分数或测量分数；R 表示随机抽样。

**表 4.3　多组实验的设计及特点**

| | | |
|---|---|---|
| 原组比较设计 | 定义 | 以两个或两个以上的组作为实验组和控制组,然后比较实验处理后各组所发生的变化 |
| | 方法 | 含有两个组,分别为实验组和控制组,实验处理只在实验组进行,然后测试两个组的成绩,并加以比较分析,得出相应结论 |
| | 模式 | 　　　　　实验处理　　　观测值<br>实验组　　　X　　　　　$O_1$<br>实验组　　　—　　　　　$O_2$ |
| | 优点 | 含有两个组,控制了"历史"等因素的影响 |
| | 缺点 | 实验组和控制组未经前测,很难断定实验处理后的效果究竟如何;实验组和控制组并非经过随机抽样决定,都是未经选择的原组,很难说明两组被试者在实验前是否处于同一水平,因此实验信度不高。在一般英语教学研究中甚少采用 |
| 双组后测设计 | 方法 | 从同一总体抽取的被试者样本被随机分为实验组和控制组,在实验处理前两个组的被试者都不进行测试,在实验处理后,两个组再进行测试,然后将两组测试的结果进行比较,如果两者相等,说明实验处理未起作用;如果两组不等则表示实验处理发生了作用 |
| | 模式 | 　　　　　实验处理　　　观测值<br>实验组　　　X　　　　　$O_1$<br>实验组　　　—　　　　　$O_2$ |
| | 计算 | $O_1 - O_2$ |
| | 优点 | 简便易行 |
| | | 随机分组有效控制诸如"历史""成熟""被试差异""实验损伤"等因素的干扰 |
| | 缺点 | 无法确定实验处理是否对不同层次的被试者有不同的效果 |
| | 应用 | 用途广泛 |

续表

| | | |
|---|---|---|
| 双组前后测设计 | 方法 | 两个实验组和两个控制组,四组被试者均由随机方法选择而定。其中有两个组接受实验前的测试,实验后四个组均接受后测,最后研究者通过对四组实验结果的比较,可以有把握的确定实验处理是否对因变量产生了影响 |
| | 模式 |      前测值  实验处理  后测值<br>实验组 1 $O_1$    X     $O_2$<br>实验组 2 $O_3$    —     $O_4$ |
| | 计算 | $(O_2-O_1)-(O_4-O_3)$ |
| | 优点 | 优点:随机选样,内在效度较高 |
| | 缺点 | 缺点:实验前的测试可能会增加测试效应的干扰 |
| | 应用 | 控制严谨,应用相当广泛 |
| 所罗门四组设计 | 模式 |      前测值  实验处理  后测值<br>实验组 1 $O_1$    X     $O_2$<br>控制组 1 $O_3$    —     $O_4$<br>实验组 2 —     X     $O_5$<br>控制组 2 —     —     $O_6$ |
| | 优点 | 实验效度较高,可以控制和测量前测的主要效果,可以控制和测量前测与实验处理间的交互作用效果 |
| | 缺点 | 被试者人数多,增加了实验困难;<br>实验结果必须经过复杂的统计检验,使较简单的问题复杂化 |
| | 应用 | 缺乏一定实用性,应用并不广泛 |
| 多因素设计 | 方法 | 形式一:检验多个自变量对因变量的影响,随机分组为 4 个组,其中有三个实验组,而且各组的自变量都有明显不同 |
| | | 形式二:考查两个以上的自变量对因变量的影响,以及自变量之间交互作用对因变量的影响,也被称为因子设计,假定外部因素的影响等于零;为了消除前测效应影响,因子设计一般都运用无前测设计 |

| | | | | | |
|---|---|---|---|---|---|
| 多因素设计 | 模式 | | 前测值 | 实验处理 | 后测值 |
| | | 实验组 1 | $O_1$ | $X_1$ | $O_2$ |
| | | 实验组 2 | $O_3$ | $X_2$ | $O_4$ |
| | | 实验组 3 | $O_5$ | $X_3$ | $O_5$ |
| | | 实验组 | $O_7$ | — | $O_8$ |
| | | | | 实验处理 | 后测值 |
| | | 实验组 1 | $X_1$ | $X_1$ | $O_1$ |
| | | 实验组 2 | $X_1$ | — | $O_2$ |
| | | 实验组 3 | — | $X_2$ | $O_3$ |
| | | 实验组 | — | — | $O_4$ |
| | 缺点 | 实施时有相当难度,因为实验至少需要几百个被试者,并要进行大量的数据统计和比较分析 | | | |

## 二、实验研究法的实施

实验研究法的实施包括准备阶段、操作实施阶段及总结阶段。

### (一) 实验研究法的准备阶段

**1. 课题来源**

实验研究的来源一般基于实际需要、理论需要、个人经验、文献资料。如果基于前人研究,可重复前人已做过的实验研究,比较结果。可改变实验内容和实验条件,扩充前人研究成果,探索新成果。首先,查阅文献,充分讨论,确定实验目标。界定研究涉及的关键概念。然后,提出研究问题(先提出总问题再细化为子问题)。接着形成实验假设,确定实验自变量和因变量。提出零假设和备择假设(不管是否明示,研究者必须提出这两种假设)。有些实验需要一定时间才能看出效果,因此要确定实验处理持续的时间长短。

**2. 分解实验变量**

确定自变量,设计其呈现方式。确定因变量,设计其测评方式。确定无关变量,设计其控制方式。规定对变量的操纵、控制措施以及实验手段、条件等。

**3. 确定研究问题**

实验研究研究问题的确定一般基于以下三个方面考虑。
(1) 判断某种现象是否存在,或者判断某个因素是否起作用。
(2) 用实验确定某种假设的因果关系是否成立。

(3) 确定某一现象的出现是否由某种原因所引起,即著名的"期望效应",也叫"皮格马利翁效应"。或者寻找引起事物发生变化的多种因素。

4. 选择受试

确定被试分组的方法。确定分配实验组和对照组的人数(不低于 30 人)。实验组和控制组人数不等时,要把实验组放在大班。数据分析时,使用随机抽样的方法,使实验组和控制组人数相等。

5. 预设实验

设计实验材料,制订测试工具,说明实验阶段和过程,各阶段研究任务,预计完成时间。

准备阶段需要完成的具体内容主要包括八个方面:确定实验的课题;提出实验的目的;决定实验的因素和方法;选择实验的对象和人数;组织与培训实验人员;规定实验时间;准备测试材料和实验用品;拟定实验计划。主要需考虑四个问题:需要多少研究对象? 如何选择? 如果有前测,如何进行? 如何对受试者施加自变量的影响? 如何进行后测?

实验研究法的准备阶段需注意的问题包括:研究者必须介绍研究课题产生的背景,让读者了解该研究的必要性,从而也了解该研究的理论或实践意义;要说明自己的研究在多大程度上借鉴了前人的研究成果;讲清设计方案与假设之间的关系;要在报告中说明设计方案是如何通过具体步骤得以实施的,讲明通过什么具体手段控制了要控制的主变量以及潜在无关变量;要提供有关测量工具的详细信息;保证设计方案与所用的统计分析方法相匹配;对实验结果作出解释。

### (二) 实验研究法的具体操作实施

1. 前测

确定实验前的差异,尽量涵盖可能造成实验混乱的主要差异。确保前测条件相同(试题、测试时间、地点、批改人和标准)。使用权威性测试,保证考试效度和信度。必须在实际教学开始前进行。两组受试者必须同时参加前测。可以把前后测成绩作为某门功课总成绩的一部分,以避免学生缺考。主观题的前测试卷批改时,至少两位评分人独立评分,实验班与对照班主观题试题应混在一起,一定要统一评分标准。如果是随机抽样,可以不用前测。

2. 实施实验

实施实验时,计划周密,随时调整。一旦出现偏差,必须及时提出解决办法。确定实验步骤,实施实验方案,选择统计方法。确保人数充足,时间环境相同,测试方法和人员统一,消除无关变量。考虑控制干扰变量的方法,减少对实验结果的影响,提高说服力。研究人员要密切注意实验进展情况,尽可能到班上听课并做现场记录。

### 3. 实验结果的验证

程序检验，即认真考虑整个实验过程，检查各环节或阶段是否合理、科学，设计效度是否达到预期目标，变量控制是否有效。对照检验，将实验结果和已确立的定理或定论进行对照验证。重复检验，也就是在相同条件下重新进行实验以达到检验的目的。以实验条件不变，处理方法不变，仅改变实验对象的方式进行重复检验。

### 4. 后测

前测可有可无，后测必不可少。实验组与对照组同时参加考试。保证前测和后测评分环境相同，前测评分人与后测评分人相同，增强一致性。设定评分标准，评改测试卷，录入数据。按研究子问题分析数据。

### （三）实验研究法的总结阶段

实验研究的总结阶段包括以下步骤：分析资料数据——概括研究结果——形成研究结论——撰写实验报告。实验报告最好运用推断统计下结论，以数字和事实作为衡量实验成功的依据。结果部分所列的全部内容必须来自实验，既不能任意修改、增删，也不要添加自己的主观见解，要确切客观地反映出整个实验的收获。要把必要的实验数据、过程材料及表格以附录的形式附在实验报告后面。

## 案例展示

案例背景：西南大学的陈娟在论文《母语负迁移对初中英语写作句法的影响及对策研究》中基于昆明市第28中学八年级学生英语写作中存在的句法问题，对这些句法问题进行分类分析，通过对数据的理性分析，对具有典型性和代表性的母语负迁移错误进行探讨和研究，总结出各类错误产生的原因。对实验班学生开展针对母语负迁移的写作微技能训练。通过教学实验探究写作微技能训练在发展初中生的英语写作能力是否起作用，以验证在初中英语写作教学中该模式的可实施性和有效性，以期通过理论和实践相结合的方法找出适当的教学方法或教学思路，来减少母语负迁移对初中生的影响，最终提高学生的写作能力。

该研究力求解决两个问题：母语负迁移对初中英语写作句法的影响有哪些？如何帮助初中生有效提升英语写作能力？

研究对象的设定：该研究以云南省昆明市第28中学八年级学生为研究对象，在对研究对象进行深入分析后，以八年级（1）班为实验班，八年级（2）班为对照班。八年级（1）班学生41名，其中女生16名，男生25名；八年级（2）班学生共42名，女生15名，男生27名。两个班在平时的综合考评中，均属于年级居中的位置，比较有代表性。实验前，两个班的英语写作成绩都不理想。在昆明市，小学三年级学校开始设置英语课，这就表示初一结束时大多数学生已经有五年的英语学习经历，但小学英语重在认识单词和训练听说技能,而初一年级课时紧张,教学重点放在语音教学和听说技能的培养上,对写作的课时分配少,所以教师对学生写作技能的培养和学生对写作策略的学习都是欠缺的。且两个班的学生几乎都为进城务工子女,家庭经济条件的限制和父母对孩子教育的重视程度不够导致很少有学生上英语兴趣班,因此可以说学生在英语写作技能和策略方面的学习经验几乎为零。但两个班整体来说纪律好,三分之二的学生有一定的英语学习基础,有明确的学习目标,也有强烈的学习愿望,能在教师指导下用心学习。有三分之一的学生英语学习基础薄弱,学习习惯不好,学习态度比较散漫,最主要的是他们对英语学习的畏惧心理明显,觉得找不到适合自己的英语学习策略,不会学英语也不喜欢英语。

实验法的应用与设计:该实验从 2019 年 8 月 27 日到 2020 年 1 月 3 日,持续 18 个教学周。实验班和对照班均由同一教师教学,两个班英语周课时量相同、教学进度基本同步,所用教材、教辅资料相同。在实验开始前笔者先进行了实验前测,并收集了学生实验前测作文中由母语负迁移导致的句法错误。

在教学实验过程中,实验班和对照班均完成八年级上册共十个单元学习任务,每个单元都包含词汇课、听说课、阅读课、写作课和习题课。对照班常规教学,实验班在写作课中实施写作微技能训练教学活动。写作微技能训练基于学生作文中常犯句法错误,在对比分析和错误分析理论指导下设计教学活动,目的在于帮助学生认识到英汉两种语言的差异,并在一定程度上理解母语负迁移对写作产生影响的原因,从而在写作中主动克服由母语负迁移造成的困难,最终学会运用写作策略来提高写作技能。在实验进行到 18 周的时候,研究者实施了实验后测,对实验班和对照班实验前、后测分数进行统计分析,以检验教学实验有效性具体研究实施时间见表 4.4。

表 4.4 研究实施时间表

| 时间 | 任务 | 目标 |
| --- | --- | --- |
| 1 周 | 实验前问卷调查;<br>实验前测 | 调查学生的写作现状;<br>收集语料 |
| 2~17 周 | 实施教学实验 | 在实验班开展针对母语负迁移的写作微技能训练,对照班采用传统教学模式 |
| 18 周 | 实验后测;<br>实验后问卷调查;<br>总结、评估研究的效果 | 检验实验有效性,思考研究局限,探索研究新方向 |

实验研究结果:在实验班和对照班无显著差异的基础上,实验班运用相关的教学策略后,英语作文成绩相对于对照班来说取得了较大程度的提高。这证明实验

是有效的,实验中运用的教学策略也是有效的,能够很好地提高初中生的英语写作水平。而根据收到的资料显示,现阶段,初中生英语写作中由母语负迁移导致的典型句法错误共九类。这九类错误具有普遍性和重复性。究其错因,都是由于初中学生受母语用语习惯的影响,并缺乏对中英文化差异和英汉两种语言习惯差异的理解造成的。

(资料来源:陈娟. 母语负迁移对初中英语写作句法的影响及对策研究[D]. 重庆:西南大学,2020.)

# 第五章 个案研究法

个案研究法(case study)是教育教学研究中的一种重要方法,强调对单一的人或事进行深入具体的研究,通过若干个个案研究,再作比较,找出规律,以指导教育教学。在众多研究方法中,个案研究法是一种相对特殊的研究方法,它关注的是个体的纵向发展,研究的结果可能不具有普遍意义,但仍有其自身的价值。

## 第一节 个案研究法概述

作为一种研究方法,个案研究就是一种对某个人或某个团体、机构运用多种手段进行较长时间的跟踪研究,弄清研究问题的现状、原因乃至如何进行干预的研究方法。

### 一、个案研究法的内涵

#### (一) 个案研究法的缘起

20世纪初,人类学家开始使用个案研究法研究社会与文化,历史学、心理学、社会学等领域都会采用个案研究。但是,直到20世纪60年代,教育教学研究领域才开始广泛使用此类研究方法。1870年,美国哈佛大学法学院首创了个案研究法。早期的个案研究,主要应用于行为有问题(例如,逃学、偷窃、学习问题、生活问题、社交问题等)的儿童。人类学家使用个案研究法研究社会与文化,如历史学、心理学、社会学等。20世纪60年代,教育教学研究领域开始广泛使用此类研究方法。个案研究法作为一种教学方法和研究方法,已有近一百五十年的历史。中国古代"举一反三"的实践思想,可视作个案研究法的一种雏形。

在教育研究中,个案研究往往适用于对不良问题的研究或对某些难以重复、难以预测和控制的事例进行研究,如学生辍学、学业失败、家庭破裂、道德不良、青少年犯罪等,也适用于对学生的心理问题和人格偏差的诊断研究和矫正研究。近年来,个案研究的研究范围已明显扩大,各领域专家都会采用此方法,应用时各有所侧重。纵观个案研究法的研究历程,主要呈现以下趋势:由非正式或前导性研究趋于如今正式研究;由以往着重问题的解决趋于着重个案问题的描述、解释与分析;研究对象由早期的适应不良、问题行为儿童变化至如今的正常儿童;由关注个案总体的普遍性研究到关注特殊性个案的本质性研究。

在教育研究领域,个案研究有一些经典的例子。① 艾宾浩斯遗忘曲线。艾宾浩斯以他自己作为唯一的研究对象,对记忆进行研究,根据记忆无意义音节的效率而绘制出遗忘曲线。② 巴甫洛夫条件反射原理。巴甫洛夫在对一条狗进行长期观察实验的基础上建立了经典条件反射原理。③ 皮亚杰儿童认知发展理论。瑞士的皮亚杰从对自己孩子观察、访谈、实验的个案研究中受到启发,从而创立了皮亚杰儿童认知发展理论。④ 陈鹤琴《儿童心理之研究》。我国著名儿童教育家陈鹤琴先生采用日记记录的方式,对他的第一个孩子从出生之日起,连续跟踪观察808天,在大量原始资料的基础上撰写了此书。

### (二) 个案研究法的概念

个案研究法亦称"个案历史法""个案追踪法""解剖麻雀法"等。追踪研究某一个体或团体的行为的一种方法,它包括对一个或几个个案材料的收集、记录,并写出个案报告。在现场收集数据称为"实地调查"。它通常采用观察、面谈、收集文件证据、描述统计、测验、问卷、图片、影片或录像资料等方法。由于个案研究往往需要较长的时间对研究对象进行连续不断地追踪调查研究,故个案研究法又称为"个案追踪法",是指就一个个体或社会团体的某个有关问题搜集资料进行分析的方法。由于个案研究一般是对研究对象的一些典型特征作全面而深入的考查与分析,其过程与解剖麻雀相似,因此,人们还将个案研究法称为"解剖麻雀法"。国内学者对个案研究法也有不同的定义和理解。刘润清(2015)认为个案指一个定义清楚的个人或者实体,需遵循"有界性原则"。陈坚林(2004)指出个案研究指以特殊的个体(教师或学生)、典型的教学事件或教学团体为研究对象,通过收集、整理、分析与该研究对象有关的资料,来探究某种特殊情况的发生和发展的原因,揭示其发展变化的规律;然后采取有针对性的帮助措施,提高教学质量。李长吉,金丹萍(2015)等学者提出:个案研究要结合研究对象、研究方法、研究目的三个维度,个案研究就是以一个人、一个团体或一个事件为研究对象,广泛搜集资料,综合运用各种方法(包括质的方法和量的方法)和分析技术,对复杂情境中的现象进行深入探究的研究方法。

个案研究法应用在教育教学研究中,具有重要的意义与功能。研究结果有助于探究原因、揭示规律、采取措施、提高教学、提供生动描述、提供解释与评估;有助于教师因材施教,从某方面提供事实依据,验证措施策略,推广教育教学方法经验,解释特定行为,解决教育教学中的实际问题等。

### (三) 个案研究法的对象

个案研究的研究对象常常指特殊、典型(有代表性)的某一个体、某一群体、某一组织、某一事件。一般来说,作为个案研究的对象的个体应该具备以下三个显著的特征:在某一方面有显著的行为表现;与这方面有关的某些测量评价指标与众不同;教师、家长等主要关系人都有类似的印象和评价。在大多数情况下,尽管个案研究以某个或某几个个体作为研究的对象,但这并不排除将研究结果推广到一般情况,也不排除在个案之间作比较后在实际中加以应用。对个案研究结果的推广和应用属于判断范畴,而非分析范畴,个案研究的任务就是为这种判断提供经过整理的经验报告,并为判断提供依据。

在学校教育情境中,个案研究所涉及的对象主要是教育教学活动中有关的个人、团体或机构,如学生、教师、班级、学校等。随着科学研究的发展和实践的需要,个案研究所涉及的研究对象不只限于"不良问题",已扩大到品学兼优的学生、具有丰富教学改革经验的学校、教师等。例如:上海某高校积极探索,大胆进行英语课程思政教学改革,并取得一定的成果,该成果推广后产生很大的影响等;对英语教学能力大赛中获得特等奖的教师进行个案研究。这两种个案研究显而易见是从正面对成功经验进行挖掘、研究。

## 二、个案研究法的特点

个案研究法的特点主要包括独特性与单一性、深刻性与深入性、研究时间长期性、多样性与灵活性、研究结果不确定性等。

(1) 研究对象的独特性与单一性。个案研究的对象通常是个别的人、团体、机构或事件,是单独个体单一群体,详细描述某一个具体对象发展变化的全过程,不是客观描述大量样本的同一特征。因此,研究对象具有独特性与单一性特点。

(2) 研究过程的深刻性与深入性。个案研究强调对个案的特殊情况进行丰富描述及深刻研究,在经验理解的基础上,强调启发作用,而不止于表面。研究对象的单一性使得研究者有更多的时间和精力来对个体进行深入的研究。对个体进行多方位、多维度的研究,不仅需要了解研究对象的现状,还需要了解研究对象发展的历史背景、发展过程及发展过程中呈现的问题。

(3) 研究时间的长期性。为了了解研究对象的现状、发展的历史背景、发展过程,掌握研究对象的整个发展过程中的影响因素,因此个案研究需要进行持续时间较长的研究。

(4) 研究手段的多样性与灵活性。为比较全面、系统地考查研究对象的特点及其发展变化的过程和规律,从而得出比较科学的结论,个案研究采用的研究方法往往是多样的,可采用综合测验法、访谈法、调查法、观察法、实验法、文献法,也会同时采用归纳法和自然类推进行研究。

（5）研究结果的不确定性。个案研究在许多方面缺乏代表性，不容易概括出具有普遍意义的法则，既可能证明也可能推翻既有假设。

### 三、个案研究法的分类

按照不同的分类依据，个案研究可分为以下类型（见表5.1）。

**表 5.1　个案研究的分类**

| 分类依据 | 类型 |
| --- | --- |
| 研究对象 | （1）个体个案研究，以单人个体为单位的个案研究；<br>（2）机构个案研究，以社会机构为单位的个案研究，即一个班级、一所学校、一个机关等的个案；<br>（3）团体个案研究，以社会团体为单位的个案研究，即学术团体、群众组织等的个案 |
| 研究的内容、目的 | （1）诊断性个案研究，考查特殊对象以及特定问题行为等，目的在于对研究对象的问题行为或心理状态做出诊断；<br>（2）指导性个案研究，广泛运用于教育实践，如对新的教育方式、教学方法进行尝试，然后推广运用到实践中去；<br>（3）探索性个案研究，指小型的、试探性的研究，常为进行大型研究或构建理论做前期准备 |
| 研究时间的长短 | （1）即时性个案研究，即研究在教育教学活动中偶然发生的情景；<br>（2）阶段性个案研究，即几个月、一学期甚至是几个学期的跟踪观察、记录；<br>（3）长效性个案研究，即基于阶段性个案上的一些特殊案例，从时间上看，它往往需要几年甚至是几十年，从中得出一些具有特殊意义的做法或经验 |

### 四、个案研究法的原则

个案研究的原则包括灵活性原则、综合性原则与谨慎性原则。

#### （一）灵活性原则

灵活性原则是指研究者在研究过程中要面对与处理各种意外或变化，尤其是对研究对象进行个别访谈、追踪调查时可能遇到的变化。对于不同研究阶段的变化,研究问题、研究方法、研究的进程等都应根据研究实际或需要去调整。

### (二) 综合性原则

综合性原则就是指个案研究所采用的研究方法往往是多样的,可能会涉及档案分析法、访谈法、追踪调查法等方法。常常需要收集研究对象的各方面的资料,包括学校生活、家庭生活、社区关系、社会活动状况等。在对材料进行分析时,需要运用多种研究方法,如定性与定量相结合的研究方法,综合去分析判断。

### (三) 谨慎性原则

个案研究涉及具体的研究对象,研究时必须注意材料的报道是否经过了研究对象的许可、是否涉及研究对象的秘密和隐私。尤其是个人个案研究中,要注意获取研究对象的信任和支持,要对其表示尊重。这些体现了个案研究必须遵从谨慎性原则。

## 五、个案研究法的优缺点

个案研究一般是在自然情境下探讨问题,进行深入式的研究,重视脉络的观点,强调建构理论。个案研究法有其自身的优点与不足,表现如下。

### (一) 主要优点

(1) 研究者可以从个案研究中概括出一般性的结论,甚至构建新的假设、新的模型、在原有理论上贡献新的内容。将个案研究的结论适度推广到更大的同类群体中去,可发现个体或事件的总体趋势。教育教学中的个案研究成果可以用于诸多方面,如教师培训、教学反馈、教学评估以及教育方针的制订等。

(2) 个案研究可体现观点的多样性,并为多种观点提供依据。个案研究适合用来探索未知领域,也适合探讨情境复杂的问题,由于现实中的"实际情况"是多种多样、相互矛盾、动态变化的,因此,个案研究可观察到各种情况如何出现及交互影响。

(3) 个案研究能够提供有深度的、丰富的数据,信息的积累有助于对同类事物的情况进行归纳,如果描述得当,个案研究还可以用作研究资料的数据库,供以后的研究者进行研究和参考。个案研究的数据与其他数据相比,更为开放,更能服务于其他各类研究人员。

### (二) 主要缺点

个案研究的缺点体现在以下三个方面:

(1) 样本较小，代表性差。由于个案研究的对象数量较少，从统计学意义上来讲，一般都属于小样本研究，不容易体现出代表性，由此得出的结论也不一定具有普遍意义。根据研究的个案产生的新理论可能会相对狭隘。与实验研究相比，可能会看起来缺乏严谨性。个案研究对象的代表性也有限，难以从个案研究中得到普遍性的结论和认识，因而，人们常质疑其研究结论大范围的适用性或者推广性。

(2) 比较费时、费力。个案研究往往需要采用多种研究手段、多次收集研究对象的信息，对于研究者和研究对象来讲，在研究过程中都需要投入大量的时间和精力。同时，由于研究的时间较长，个案对象自身条件可能会出现变化等原因，容易导致研究无法最终完成。例如：对一高校英语教师科研能力的训练与提升，可能需要半年、一年，甚至更长时间的追踪研究。另外，个案研究一般会产生大量的数据，有些数据对研究结果能产生关键作用，而有些数据不一定能发挥作用，这也是其不足的表现。

(3) 对研究者的能力与水平要求较高。个案研究数据的分析需要研究者较高的能力与水平，需要研究者把多种研究方法综合运用。研究过程中，不同研究阶段可能会出现预料之外的变化，需要研究者灵活应对，根据研究实际或需要去调整研究问题、研究进程等。因此，个案研究整体成功与否，很大程度上取决于研究者的能力。

## 第二节 个案研究法的基本方法

个案研究对研究复杂的教育教学现象、某一教育理论的验证、某一教育措施的实施、某些教育现象之间前后发展的关系等都具有重大意义。根据研究目的、研究对象、研究内容的不同，个案研究法包含一些基本的研究方法，如追踪法、追因法、临床法、作品分析法、教育会诊法等。

### 一、追踪法

追踪法的概念、特点与实施步骤如下：

#### （一）追踪法的定义及特点

追踪法指研究者在一个较长时间内对相同的个案进行长期而连续的跟踪研究，收集各种资料信息，获得研究对象发展变化的第一手资料，揭示其发展变化、发展趋势等的研究方法。追踪研究时间可能是几个月、几年或更长时间。

追踪法的适用情况包括探索单个研究对象发展的连续性；探索单个研究对象

发展的稳定性,主要是探索人的某些方面特质或某些教育现象在各个时期发展的稳定性情况;探索早期教育对以后其他教育现象的影响。

### (二) 追踪法的实施步骤

(1) 确定追踪研究的课题。研究者首先要明确追踪研究的对象,确定研究对象是个人、团体或机构。明确研究目的,包括要追踪研究对象的哪些方面,旨在了解哪些信息等。

(2) 实施追踪研究。追踪研究一定要紧紧围绕课题确立的内容进行,要运用规定的手段收集资料。避免重要的信息被遗漏。由于研究需要时间较长,研究者要克服困难,坚持到底。

(3) 收集整理数据,深入分析。对收集到的资料信息进行分类、整理、深入分析。采用科学的分析方法,做出判断,揭示个案发展的特征和规律。必要时,还需要进一步追踪研究。

(4) 提出改进个案的建议,撰写研究报告。研究者根据个案追踪的数据分析,得出结果。在研究结果的基础上,进一步提出改进个案的建议,指导和促进个案的发展。撰写完整的研究报告。

## 二、追因法

追因法的概念、特点与实施步骤如下:

### (一) 追因法的定义及特点

追因法指研究者追寻某种现象发生的原因研究方法,是个案研究中常常使用的一种研究方法。追因法特点是先接受已经存在的事实,然后根据事实推论产生此事实的原因。例如某校某班级英语口语水平普遍偏高、某原基础较差的学生最近一学期对英语学习表现出很大的热情,且成绩提高明显等。依据这些既定事实,研究者可以把它们确立为研究的问题。研究者对这些事实进行研究,探讨这些事实发生的原因。上述例子所使用的研究方法就是追因法。

### (二) 追因法的实施步骤

(1) 确定结果、研究对象与研究问题。研究者对某一现象极大关注,并产生探究现象背后原因的兴趣。以此为基础,确定研究对象,梳理、明确研究问题。

(2) 假设导致这一结果的可能性。明确了事实发生后的结果,寻找导致这一结果可能的原因。这些原因最初是假设的,假设导致结果的原因应尽可能合理、全面。

(3) 设置比较对象。为了追寻导致结果的原因,研究者可以采取两种途径设置比较对象。一种是设置结果相同的若干比较对象,从中找出共同的因素,即预设的原因。另一种是设置结果相反的若干比较对象,找出相反的因素,从反面找出真正的原因。

(4) 查阅资料,进行对比。细致认真查阅收集到的研究对象的资料,查找资料中是否有预设的原因。由于教育现象是复杂的,导致某项结果的原因往往也是多方面的。

(5) 检验。找出的原因有待进一步检验。最好的检验办法是看有同样原因存在的其他事例中是否有同样的结果发生。如果没有的话,这个假定仍然不能成立。

### 三、临床法

临床法往往通过谈话的形式进行,故又称临床谈话法。这一方法既适用于陷入困境儿童的研究,也适用于正常儿童的研究。前者旨在解决个案的问题;后者旨在由特殊个案发现儿童发展的一般规律。

临床谈话的方式可以是口头谈话,即面对面地交谈;也可以是书面谈话,即问卷谈话。口头谈话是会谈双方的一种互动过程,研究者要以平等的身份参与谈话。要保持轻松的谈话氛围。同时,研究者的提问要通过封闭性和开放性问题交替询问。书面谈话一般按照问卷要求的程序进行。研究者向被研究者交代清楚做问卷的具体要求和注意事项。对于临床上复杂的个案问题,需要运用两种谈话方法进行综合判断和分析。

### 四、作品分析法

作品分析法又称活动作品分析,是个案研究方法之一。它是通过分析研究对象的活动作品(如日记、作文、书信、自传、绘画、工艺作品等)以了解其能力、倾向、技能、熟练程度、情感状态和知识范围。运用这种方法时,不仅要研究人的活动作品,而且还要研究作品制造的过程及相关心理活动状况。作品分析法一般需要和实验法相结合,设置对照组,观察过程,获得更加科学严谨的结论。

在教育教学研究情境中,通常可以收集以下材料进行研究。① 反映一个班级、一所学校的教育教学情况的材料,如各种教育教学方针政策的决定和指示、通告、工作日志、报表、会议记录、统计资料、规章制度、信件、工作总结等。② 反映学生的学习情况、知识掌握情况、道德发展水平、心理状态等的材料,如学生日记、书信、各种作业、实验报告、绘画作品、作文、考试试卷等。③ 反映教师教育教学情况的材料,如教学工作计划、教学总结与反思、工作日志、教研组研讨记录、听课记录、教案等。

### 五、教育会诊法

教育会诊法是指召集有关教育专家学者通过讨论,就个案的行为或现象作出鉴定,作出比较客观公正的结论的一种研究方法。其特点是集体性、公正性、简便性。它不仅适用于问题学生,也适用于正常学生的研究。

著名教育家巴班斯基提出,教育会诊通常包括这样六个环节:确定会诊目的;确定会诊参加者;由班主任和任课教师详细说明对某一学生的看法,并列举理由;组织集体讨论,广泛交换意见;为该个案作出鉴定,提出有针对性的教育措施;根据学生的鉴定材料,令教师对集体或个人的教育工作进行自我总结。

## 第三节 个案研究法的设计与实施

个案研究实际上是用各种方法收集个案的相关资料,通过科学的推理,提出解决问题的策略,进而评价其效果的研究过程。个案研究不仅是一种研究方法,也是一个复杂的认知过程。个案研究法的设计与实施包括以下内容:确定研究目的,选择问题,提出命题;确定研究对象及分析单位;了解研究对象;设计研究内容;确定个案资料收集方法;整理与分析资料,撰写研究报告。

### 一、确定研究目的,选择问题,提出命题

在教育教学实践中,研究者应根据教育教学中的困惑、疑问等确定研究的问题、目的等。清晰的研究目的可以帮助研究者锁定视野,明确研究内容。

### 二、确定研究对象及分析单位

研究者应根据个案研究的目的、内容及对个案的界定,选择典型的人或事或机构作为研究对象及分析单位。一般来说,个案研究对象应该具有三个显著特征:即在某方面是否有显著的行为表现;与这方面有关的某些测量评价指标是否与众不同;教师、家长等主要关系人是否都有类似的印象和评价。研究者要与研究对象签署伦理许可协议,当研究对象低于16岁时,还需征得家长或监护人的伦理许可。

### 三、了解研究对象

为了更好地对确立的研究对象进行全面深入的研究,要对个案有关的各个方

面进行全面的了解。主要了解研究对象的基本情况、行为资料、教育情况、心理发展资料、家庭背景资料等,根据研究课题的性质和规模的不同而灵活运用。

### 四、设计研究内容

个案研究的设计内容上概念界定清楚、涉及研究的各个层面、方法适当可行、可操作性强、资源分配合理,并有保证研究效度、信度的措施。

### 五、确定数据资料收集方法

详尽的资料收集是得出结论的重要保证。确定数据的主要来源,确定资料的收集方法。个案研究中,数据收集方法可采用定性方法,也可采用定量方法,如收集资料时,可采用调查问卷、结构化访谈、代码化观察等定量方法,也可采用自然主义和描述性观察、技术性日记、非结构性访谈、口头陈述、相关文件或档案材料等定性方法。尽可能从多个方面收集、验证资料的正确性。以客观的方式收集个案资料,避免主观偏见。资料之间要能互相印证、互相参照。研究者同时要制订数据收集的时间表。尤其是研究一个机构的时候,收集的数据庞大,更应该建立收集数据时间表。研究者需要征得研究对象或有关部门的允许、支持与合作的方式,配置所需的研究器材,制订研究人力、物力、时间的分配方案,以及如何建立编码系统,如何分析与解释数据等。

数据收集时,主要包含四类资料:反映研究对象基本情况的资料;反映研究对象活动和成长过程及发展状况的资料;反映研究对象所在单位(或团体)情况的资料;反映研究对象家庭与社会背景的主要资料。

### 六、整理与分析资料

在这一过程中,研究者需要进行详尽的观察、深入的思考、不断的反思和质疑。个案研究的数据收集、整理和分析是同步进行的。研究者遵循资料收集、整理分析、根据分析的结果及时调整研究问题和方法、再进行资料收集、整理分析,循环往复、逐步深入。注重数据分析的科学性,对收集到的资料进行精简浓缩、去粗取精、去伪存真、提取精华,保留对研究能发挥作用的数据。

数据分析的方法主要包含以下内容:第一,针对描述性的资料直接解释某一事件或现象,偏于定性的方法;整合重复发生的事件,作为一类现象来分析,以发现特定条件下保持不变的事项,或总结现象背后的规律,偏于定量的方法。分析是想象式的、有技巧的、灵活的、反思式的,同时也是有系统的、讲究学术的、执行上严格的。第二,从主客观维度进行数据分析。从研究对象的主观上分析,主要是了解当行为发生冲突时的内在动力,如学习者的动机、态度等与行为及结果的因果关系;从客观上分析,主要了解家庭、社会环境等与其生理心理特点以及成长、发展存在哪些相适应或不适应,找出矛盾关键所在。第三,从现状、过程与背景维度进行数据分析。主要从个案当前的发展现状和水平来分析个案行为或现象发生的背景因素,以此来了解个案发展变化的基本特点和规律,以及影响个案发展的各种因素。

### 七、导出结论,撰写研究报告

研究者深入分析解释后,导出结论并撰写研究报告。

## 第四节 个案研究报告的撰写

个案研究报告是个案研究成果的重要表现方式,是个案研究过程中不可缺少的环节之一。个案研究报告应该呈现个案的基本情况、研究过程及结果。个案研究者在对收集的个案资料分析整理过程中,经过一定的理论与逻辑的再认识,形成了自己的观点,并根据分析、论断的结果制订出方案,把初步的感性认识加以探索性的实践,在实施的过程中,不断总结经验、使感性认识上升到初步的理性认识,最后将其撰写成研究报告。

个案研究报告有其自己的特征,刘润清(2015)把特征总结为三方面:第一,个案研究报告一般是叙述性的。第二,研究者可以详细描写个案的环境、过程,使读者理解如何得出研究结论,从而增加结论的可信度。第三,个案研究报告具有叙事体风格特点,研究者用第一人称来写,口吻比较亲切。

个案研究报告大致分为三种类型:

(1) 描述性报告。比较详细地叙述个案资料,可以将一些片段并列或串联,不用转述而用原话,尽可能用客观描述来呈现对个案的解释,具有直观、具体等特点。但整理报告的时间较长,较为繁杂。

(2) 分析性报告。通常对论点进行直接的论述,对论点需提供论据,并需说明个案的各种可能表现及推理历程。分析性报告是一种利用客观的方式呈现个案资料,但又无法全部放弃主观判断的一种呈现方式。

(3) 简介性报告。着重反映个案的主要特征,比较简洁。报告整理时间较短,问题的重心突出,不过对个案细节部分的报告不够详细。

### 一、个案研究报告的撰写

一份合格的个案研究报告,要有规范的格式与完整的结构。完整典型的个案研究报告在结构上包括概述部分、主体部分与结论部分,在内容上涵盖背景介绍、研究方法的选择和运用、个案研究结果分析、结论及建议等。

(1) 概述部分。概述部分主要说明研究对象的基本情况,描述一下要研究的环境,明确问题,描述选此个案研究的原因、目的、意义、方式方法及研究背景等内容,概述部分的语言运用要求简洁明晰。

(2) 主体部分。主体部分为研究报告的主要部分,在全文中占大部分的篇幅,其着重阐明研究对象所具有特性的实质、现状、成因及其发展变化的趋势和规律,对研究内容进行全面归纳和论证。

(3) 结论部分。结论部分主要阐述研究形成的总体观点,指出研究活动解决了哪些问题,总结研究对该个体的理解,还有哪些问题有待于深入研究。

## 二、撰写个案研究报告的注意事项

个案研究报告中常出现的错误总结如下:未说明研究目的,对研究问题未定义清楚;未说明为何选此研究对象;未说明为何选择单一个案或多个个案;未说明分析单位(如个体、组织或系统);未说明数据搜集方法(如访谈方式、对象、工具);大都以追述方式(询问受访者经验及记忆)搜集数据;受访者提供数据的偏误;研究者的偏误,如预设立场去筛选资料。

概括来说,个案研究的注意事项主要有三个方面:第一,研究者应具备较为丰富的心理学、社会学、教育学等方面的知识,用科学的理论指导研究。尊重受访者的意愿,以平等、热情、信赖的态度对待研究对象。第二,收集的资料是否正确无误、全面、系统很大程度上决定了个案研究是否真实、科学、可靠、有效。第三,结果的描述性与过程的跟踪性。对有关该研究对象的尽可能多的变量及变量在较长一段时间内的互动进行透彻深入、全面系统的分析与研究,因而个案研究往往具有跟踪性质。

### 案例展示

案例背景:湖北师范大学李礼在论文《高校英语教师学习干预个案研究》中,扎根于高校英语教师的"真"课堂,尝试采用非强制执行的干预策略,旨在阐释干预后教师课堂教学自然状态下的影响与介入,以此来验证学习干预策略的有效性。在该论文中,作者主要采用个案研究方法开展研究。个案研究曾广泛应用于社会学、人类学等领域。近年来,个案研究在解决现象与情境之间疑难问题中体现出独特优势,运用个案研究法也成为了教育研究领域中的一种趋势。个案研究为基于对一个或多个案例的具体情境进行深入剖析的一种经验性质的研究。个案研究多为质性研究手段,采取对典型案例的持续追踪,进行文本、视频、音频等不同角度的资料收集,目的是在自然情境下对个案内部活动深度、整体的描述与分析。巴顿

(Patton)指出,个案研究凸显在解析个体变量的差异性中体现出细节性、描述性特质的价值。为了从微观层面更深入、细致地分析干预对英语教师学习所产生的行为和决策等方面的影响,该研究采用"参与式观察"和"深度融入"的干预方式,选取小范围的研究对象进行追踪研究,因此,个案研究是该研究的主要研究方法。

一、研究对象的设定

该研究遵循"目的采样"和"针对采样"的原则,即选取能为研究目的提供最多信息的对象。研究对象的选择经历了以下程序:向区域内两所高校的约十五名青年英语教师发放邀请函;与四名有意向的教师面谈,了解详细情况;出于对研究对象学历、年龄和教学经历等方面的代表性、个人的学习愿望强烈程度、个人所在院系的支持程度以及进课堂取样的便捷度等四个方面的考虑,该研究最终选取了一名教师,作为本案的研究对象。研究对象为一名来自湖北某高校,从教四年的大学英语教师玛丽(Mary)。出生于湖北著名的教授之乡,她从小在教育的熏陶下,学生生涯十分顺利。毕业后,她如愿以偿地走上了教师岗位,教学四年的磨砺,并未让她获得教学的自信。一直困惑于如何教好书的她不断地在学习的道路上探索着。Mary 所在的院系以学习型团队建设为核心,不断地为教师提供并创造学习机会,因此,该院对这次的研学机会全力支持,Mary 本人更是倍加珍惜。

二、个案实施的过程

英语教师学习干预的个案实施过程分为初级(认知目标创设)、次级(目标与活动匹配)、和三级(目标达成度)干预三个阶段。作者详细阐述了各个阶段的干预手段和达到的效果,通过教案、课堂观察、研修组研讨、刺激性回顾、教学反思日志等对教师行为、决策等进行话语分析,从微观角度探寻教师学习发生的变化。

(一)初级干预(第一轮)

1. 初级干预实施过程

(1)认知目标创设。认知目标具体到课程中是指一节课中教师教学所要具体达到的学习过程和结果,即教学目标。而教学目标则是教师教学的起点与终点,教师要对学生最终的学习结果或行为做出明确阐释。因此,研修小组从 Mary 教案设计中教学目标的创设着手,先识别其原生、内发的问题,再通过干预手段不断促进 Mary 认知目标的明晰。

(2)临床视导。研究者通过听课并录像,课后访谈,分析教师课堂行为决策的原因,并提供支架式建议,使其反思并决策此后的教学行为。

(3)反思日志。教师只有在日常教学情境中不断地进行反思,才能获得较快的发展。该研究的实施过程中,教师的教学反思是研修小组迅速捕捉信息、掌握被研究对象心理动态的第一手资料,对研究的继续推进起到至关重要的作用。

2. 干预分析

通过第一轮对认知目标创设的干预,我们发现 Mary 教学目标的设置存在三个方面的问题:认知目标不清晰,过程不明确和评价不可测。经过多次提示、建议、解释、示范、实例分析等干预手段后,Mary 在目标创设方面有了较大的改进,目的明确、过程清晰和评价可测。从整体上来看,第一轮初级干预是以整体设计教学目标为主,其作用是为被试者提供支架式的导向。

(二) 次级干预(第二轮)

教学目标决定一切教学活动的展开和进行。教师的课堂教学设计必须围绕教学目标而设计,因此它具有教学的内在规定性,完全支配和指导教学过程。在第一轮的初级干预中,已经初步达到了干预效果。在第二轮干预中,重点放在认知目标与课堂活动设计如何提高课堂参与度。

1. 次级干预实施过程

(1) 课堂实录分析;(2) 支架式建议;(3) 刺激性回顾。

2. 干预分析

在第二轮的次级干预中,研修小组将目标锁定在如何将教学目标、教学活动与提高学生的参与度这三项重要指标的串联性上。从 Mary 在此阶段的教学目标与教学活动的设计思路上看,明显比上一轮要清晰很多,目标明确,活动设计相对合理,但由于对学生能力的把握不足,活动设计与学生的参与度上没有形成明显的关联性,造成学习效果不尽人意。因此,提高教学活动设计与提高学生的参与度关联性,成为了第三轮干预的重点目标。

(三) 三级干预(第三轮)

在第三轮的干预中"如何提高学生的参与度"是此阶段的研究核心与重点。参与意味着要突出学生的主体地位,引导学生积极参与课堂,并逐渐提高学生课堂参与的有效性。

1. 三级干预实施过程

(1) 课堂实录分析;(2) 研修组研讨;(3) 刺激性回顾;(4) 反思日志。

2. 干预分析

第三阶段的干预目标是提高 Mary 课堂的有效参与度。研修小组发现 Mary 课堂发生了微妙的变化:(1) Mary 在教室间巡回走动进行监控,与学生进行频繁的交互,学生参与的广度提升非常明显。(2) Mary 布置讨论任务时将不同层次的学生进行了混编。(3) 设置了有效精炼的问题链,使学生达成对文章整体理解的指向性明确,既降低了难度,又提升了学生的参与效率。(4) 为了提高学生的参与效率,Mary 检测阅读理解的方式更加多元、明晰、浅显化。

三、干预效果评估

为期一个学期的干预活动结束之后,研究者通过被试教师的自我评估、教师评课和学生抽样访谈这三个方面对干预效果做了调查。

四、后期追踪

时隔一年后,研修小组对参与干预研究的 Mary 的教学能力又做了一次追踪访问。研修小组关注的是:学习干预后对被干预教师的专业性成长的影响是否具有延续性？哪些学习干预策略在被撤离后仍然持续有效？

（一）干预研究前对 Mary 老师的访谈提纲

1. 请谈谈您的教育背景：

（1）请大致介绍一下您成长的生活环境。

（2）请谈谈您的求学经历，特别是英语的学习经历。

（3）在您的成长环境和求学经历中有哪些人或事对您影响重大？

（4）您觉得自己的教育背景对您的教学以及职业学习有哪些影响？

2. 请谈谈您的教学经历：

（1）请谈谈您在工作中有哪些经历可能对您的教学产生影响？

（2）入职后，您参加过哪些学习、培训或相关学习项目？

（二）干预研究后对 Mary 老师的访谈提纲

（1）您认为您的教学在干预研究过程中是否发生了改变？有哪些改变？

（2）在干预研究中，哪些干预策略对您产生了影响？产生了什么影响？

（3）您觉得干预研究中的哪些因素导致了您的教学变化？

（资料来源：李礼. 高校英语教师学习干预个案研究[D]. 黄石：湖北师范大学，2018.）

# 第六章 行动研究法

行动研究法是从实际工作需要中寻找课题,在实际工作过程中进行研究,由实际工作者与研究者共同参与,使研究成果为实际工作者理解、掌握和应用,从而达到解决实际问题并改变社会行为的研究方法。就英语教学研究而言,其目的不在于建构某种理论体系或归纳某种教学规律,而是针对英语教学实践中的问题,通过行动加以解决,以提高英语教学质量。

## 第一节 行动研究法概述

人们对行动研究有不同的认识和理解,概括起来主要有三种观点。第一种观点认为,行动研究即行动者用科学的方法对自己的行动所进行的研究,强调行动研究的"科学性"。第二种观点认为,行动研究即行动者为解决自己实践中的问题而进行的研究,关注对教育实践的"改进"功能。第三种观点认为,行动研究即行动者对自己的实践进行批判性思考,以"理论的批判""意识的启蒙"来改进行动,突出了行动研究的"批判性"。

### 一、行动研究法的内涵

近年来,教育界越来越注意采用行动研究法来研究教育教学改革问题,行动研究法已成为广大教育实践工作者从事教育教学研究的主要方式之一。

#### (一) 行动研究法的概念

德国心理学家勒温(Lewin)于20世纪40年代最早提出"行动研究"这一术语,当时并不专指教师的研究,而是泛指"实践中的研究"或"边行动边研究",强调从实际工作需要中寻找课题,在实际工作过程中进行研究,由实际工作者与研究者共同参与,使研究成果为实际工作者理解、掌握和应用,达到解决实际问题,改变社会行为的目的。20世纪50年代由柯雷(Colette)等人倡导,被应用于教育研究之中,美国哥伦比亚大学师范学院一度成为"教育行动研究"的中心。同时期,科里(Corey)

等学者倡导把行动研究法应用在英语教学研究领域。到20世纪60年代中期实证研究模式突起,进入20世纪70年代,实证模式的弊端日渐显现,行动研究再度在英语教学研究领域崛起,尤其在20世纪70年代中期,斯腾豪斯(Stenhouse,1975)著书专论教师的研究,主张教师不仅要传授知识,而且要创造知识,应该把教学行为和科学研究结合起来。从此,行动研究便在英语教学研究中普及开来。

英国的艾里奥特(Elliott)认为:"行动研究旨在提供社会具体情境中的行动质量,是对该社会情景的研究。"《国际教育百科全书》中把行动研究定义为"由社会情景(教育情景)的参与者,为提高对所从事的社会或教育实践的理性认识,为加深对实践活动及其依赖的背景的理解,所进行的反思研究"。教育教学情境下的行动研究法是指研究者基于解决教育教学中的实际问题的需要,将问题发展成为研究主题,并通过行动加以解决,以提高教育教学实践质量并推动教育教学改革的一种研究方法。

### (二) 行动研究法的理论基础

行动研究法的理论基础主要有三方面。第一,建构主义与认知主义。行动研究更适合于学生意义建构、独立认知、主动学习;更适合于教师在教学过程中遵从学生已有的知识经验基础开发他们的潜在智力;更适合于信息技术环境下的思维、生活、学习方式;更能体现学以致用、理论与实践相结合、研究与行动相统一。第二,团体动力学。一种对团体本质的研究,旨在探索团体发展的规律及团体的内在动力,团体与个体、与其他团体以及整个社会的关系。第三,哲学、心理学科学方法论与教育学。第四,反思理论。理论属于哲学范畴,指概念、判断、推理等思维形式或思维活动。反思理论是行动研究的理论基础,所表达的是实践者的实践理论。

### (三) 行动研究法的特点

行动研究以提高行动质量,改进实际工作为首要目标,强调研究过程与行动过程的结合,注重研究者与行动者之间的合作。行动研究要求行动者参与研究,对自己从事的实际工作进行反思。行动研究法的特点表现如下:

1. 实效性

行动研究的第一要义是教育教学实践。提倡在教学实践中发现问题、研究问题、解决问题。要解决教育教学中的实际问题,而不是为了建立某种教学理论。

2. 合作性

行动研究是理论与实践的结合,是研究者与实践者的合作。

3. 反馈性

在行动研究中一旦发现较为有效的研究结果可以及时地反馈到英语教学实践中去。教学的实践者也是行动研究的研究者,使得行动与研究处于一种动态结合之中,确保反馈的及时性。

4. 灵活性

行动研究是一个螺旋式的发展过程,在此过程中会不断出现新问题和新情况。这就要求教学的实践者要灵活、及时地调整方案,修改计划,甚至更改研究课题。

5. 真实性

行动研究开展的环境一般为教师所教授的自然班级,没有人为操纵的因素,具有较强的真实性。

6. 反思性

研究者在整个研究过程中,需要不断的反思,包括反思教学发现研究问题、反思研究方案以修正研究设计、反思研究结果以确定下一步行动研究的问题。

7. 兼容性

行动研究是一种基于解决不同的实践问题,可以整合多种教育研究方法于一体的多元化研究方法。

## 二、行动研究法的分类

行动研究因为参与者的不同,一般分为三个不同的层次:某教师单独对该班某学科的教学施行新方法,或将自己的新观点转化为行动的研究;学校组织若干教师组成研究小组,自行开展研究,或在外来研究者指导下进行的研究;由专业研究人员、教师等组成研究队伍,在对方支持下从事的研究。从行动研究的具体操作与发展特点入手,行动研究主要包括三类:

1. 技术性行动研究

技术性行动研究又称科学性行动研究,强调用"科学技术""统计方法"等工具来观察行动过程,不太注重教师的主动性与创造性。它与19世纪末20世纪初兴起的"教育科学化"及一些心理学家强调心理测量有着很大的关系。

2. 实践性行动研究

实践性行动研究是英美等国所采用的最普遍的行动研究模式类型。在这类研究中,专家与教师之间形成一种合作伙伴关系,研究的动力来自行动者自己,专家以"咨询者"的身份参与研究,来帮助教师形成假说,计划行动,评价行动过程及行动结果。

3. 独立性行动研究

独立性行动研究又称"批判性行动研究",是指教师作为行动者,通过批判性的思考并采取相应的行动,使教育摆脱不合理的教育理论和教育政策限制。专家在这种行动研究中可以为行动者带来批判性的理论启示。

## 三、行动研究法的优缺点

行动研究是针对教育实际情境而进行的研究,适用于教育实际问题的研究,以及中小规模的实际研究,其优点与局限性表现如下:

### (一) 主要优点

教育教学情境下的行动研究法有利于推动学校的教学和课程改革,在教学过程中将新的改革措施引入固有的体系中去,使之得以创新,推动了教师参与课程改革的进程;作为一种职业训练的手段,能促进教师的专业发展,给教师提供新的技术和方法,提高教师的职业分析能力和自我意识。在特殊情况下,对已确诊的问题加以补救,或使环境因素得到改善。该研究方法有利于学校与社会的沟通,有利于理论与实践的结合。

### (二) 主要缺点

行动研究法的缺点主要有三个方面。第一,对研究者的要求较高,作为行动研究者来说,并不是每一个教育实际工作者都能胜任的,他应具备研究的知识和能力,应秉承客观正确的研究态度,要能摆脱具体情境的限制。第二,由于规模小,研究样本受到限制,缺乏代表性。第三,行动研究的问题范围窄而具体,研究的计划性、系统性和潜在的控制性容易被忽视,以至于研究结果从某种程度上来说缺乏可靠性和说服力,内外部效度稍显脆弱。

把行动研究应用在英语教学研究中,英语教师作为研究者,需要具备以下素质与能力。第一,做行动研究要有强烈的责任意识和激情。第二,研究者要有强烈的反思意识,要有发现问题、解决问题的意识。反思的内容必须要和问题相关,反思必须渗透对方的心理,了解实验对象的心理感受。第三,研究者开展行动研究时,必须要具有灵活应用的能力,能够根据研究的难易程度和深入程度作出调整。

## 四、行动研究法与实验研究法相比较

把行动研究法与实验研究法进行比较,其在研究主体与目的、研究问题与假设、文献查阅与取样、设计与测量、需要的训练及结果应用方面有各自的特征。

### (一) 研究主体与目的

实验研究的主体通常是英语教学的科研人员;目的是想获得可供较大范围、总体应用的概括性知识,发现英语教学规律,发展和检验英语教学理论。

行动研究的主体是英语教学的实践者,研究的目的是要获得能够直接应用于当前教学情境的知识,改善英语教学现状,优化英语教学的过程。

### (二) 研究问题与假设

实验研究的问题通常由研究者通过各种途径提出,他们必须了解问题,对问题作出初步的分析和界定,但不直接涉及其中。实验研究需要提供可供操作化处理和检验的专门化的假设,在研究开始前就要确定假设。

在行动研究中,教学实践者一般从实际工作所面临的困难中确定研究课题。研究课题的确定与研究者本身的教学工作效果有着直接的联系。行动研究一开始不确定假设,而是在过程研究中,假设逐步得到确定,而且可以随着研究的深入而发生变化。

### (三) 文献查阅与取样

实验研究要求研究者查阅和评述大量与课题相关的资料,已对这一课题实际状况有全面的了解,实验研究者总要试图从研究总体中获取随机样本或其他类型的客观样本,但这样的取样往往很难做到完美。

行动研究一般不要求教学实践者对于课题相关资料作全面完整的探讨,只要求他们对研究领域有一般性的了解即可。行动研究中的取样一般较为随意,学校的学生和教师都可以作为研究的对象。

### (四) 设计与测量

开展实验研究前,研究者要进行详细、有计划的设计。要确定变量,控制无关变量的干扰,减少误差。实验研究者都会尽力选取最有效的测量工具,对可用的测量工具进行效用评价,并在研究之前对测量工具进行严格的预测试验。

行动研究中,在开始研究之前,按照一般方式设计程序。但是行动研究的设计可以在研究过程中因某些变化而作出相应的调整,对条件控制和降低误差不做过高要求。行动研究不需要对测量工具进行严格的检验,一般情况下行动研究的参与者缺乏使用与评价测量工具方面的培训,但他们可以通过咨询者的协助,进行令人满意的工作。由于参与的教师自己投入研究,通常会涉及其主观的态度及观点,从而影响研究的结论。

### (五) 需要的训练

实验研究要求研究者在测量、统计学和研究方法方面接受广泛的训练。教育领域内的许多科学研究,由于缺乏受过这方面训练的研究者,而显得科学性不足。

行动研究中研究者通常不需要严格的设计和分析,只需有限的统计学和研究法的训练。即使教师的研究技巧欠佳,仍可在咨询者的协助下进行行动研究。

### (六) 结果应用

实验研究的结果是普遍应用的,但许多有用的发现无法应用于教育实际。研究工作者与教师之间所受训练与已有经验的差异,导致产生严重的沟通问题。

行动研究的发现可立即应用于教师所负责的班级,并经常导致持续性的改良。结果的应用很少超越参与教师本身。

## 第二节 行动研究法的设计与实施

教育教学中的行动研究是通过日常观察和记录、开会讨论、录音录像、个案研究、个人报告、阶段报告等手段来收集资料和分析资料的,它的科学性是建立在计划、行动反馈、调整基础上的自我调整。行动研究法的设计与实施包括以下内容。

### 一、行动研究法的设计

行动研究法的设计包括选题、对已发现的问题进行思考分析、形成并明确研究问题、基于所选题目进行文献综述、制订行动方案等。

#### (一) 选题与明确研究问题

1. 找到研究主题

选题的来源一般源于教育教学实践中一个自己感兴趣的问题;教学中遇到的一个难题;计划与现实的情况不一致的问题;现状与目标不一致的问题;教师与学生的看法不一致的问题;教师的意图与课堂实施效果不一致的问题。

教师教育者可以通过以下方式发现研究问题:① 通过问卷或参与学生座谈,从不同的角度了解学生的学习情况和学生对教师教学的看法。② 对自己的教学和学生的学习持续一段时间的观察和思考,记录自己所观察到的和思考的内容。③ 采用头脑风暴的方式,记下想到的教育教学中的所有问题,然后逐步缩小选题的范围,最后确定一个有研究意义的选题。④ 每天花几分钟用随笔的方式记下自己的反思与想法,过一段时间看看日志中提供了哪些线索,自己理想中的教学和实际教学有什么差距。⑤ 对自己的课堂进行录音或者录像,请同行观摩,把课堂录音转写为文字,并仔细阅读和分析,以此来发现原来没有意识到的问题。

2. 明确研究问题

研究者在问题初步确定之后,要对所确定的问题进行清楚的描述,形成一个可操作的、具体的、可研究的问题。发现研究问题的是教师本人,形成研究问题的也必须是教师本人,教师要反思"为什么这个问题很重要"。研究者如果对自己的选题不能作比较清楚的描述,说明选题还没有确定好,需要进一步反思和重复上述方法,直到问题清楚为止。

研究者要提出假设,并最终确认研究问题。第一种假设,对问题的原因提出假设。从三方面:学生、教师、教材与环境等其他方面来分析。第二种假设,设想性或预测性的假设。在行动研究方案的设计阶段,对行动研究方案可能带来的变化和结果提出假设,为制订行动方案做准备。通过问卷、访谈、观摩、教师日志或学生日志、录音或录像等确认问题。

选题的注意事项包括:研究者要充分考虑选题的可能性,应避免超出能力范围的问题。提出的问题要能在允许的时间内完成。每次研究一个焦点,不要涉及太广。问题要和教学情境直接相关。注意操作的可行性,如时间安排、资料选择、设计方案调整。

### (二) 选题的文献综述

#### 1. 文献检索和查阅

确定研究问题后,选择关键词,通过相关搜索引擎查阅与研究问题相关的文献资料。然后检索文献,查找与研究问题最直接相关的文献或者是有关该研究问题的综述性文章。对所检索到的文献进行筛选,从最直接相关的文献开始阅读。

#### 2. 对所阅读的文献进行综述

列出与研究问题直接相关的 2~3 个主要概念,将这些概念有逻辑地组织起来。这些概念可成为标题,在每个标题下根据概念写一个文献小结。行动研究中是否需要对研究问题进行综述一直是一个有争议的话题。撒戈尔(Sagor,1992)提出:"我会鼓励每一个有兴趣做好研究的人在界定核心问题之后立即进行文献综述。"阅读一些相关文献,也会有助于教师进一步反思自己的问题,可以帮助教师找到可能的研究方案。

### (三) 制订行动方案

查阅文献,在已有研究的基础上,对行动方案进行理论论证。描述方案的内容和所准备使用的教材、材料等。设计行动研究实施计划或时间表。说明和描述评价工具,论证其有效性以及是否符合研究的目标。描述所需其他资源和技术支持。制订研究方案要遵从有用性原则、可行性原则、可接受性原则。

制订行动方案要注意三方面:第一,方案要翔实具体,具有可行性和可操作性。第二,注意相关伦理问题。该研究要得到什么样的许可,哪些个人或群体要受到该研究的影响,研究结果向哪些人或部门报告。第三,研究不要完全拘泥于计划,在实施过程中可能会出现不可预测的问题,这种情况下,研究者需要对计划进行调整和修改。

## 二、行动研究法的实施

行动研究法的实施包括以下步骤程序:

### (一) 发现并确定问题

在教学实践中发现问题、分析问题和确定研究问题。行动研究是一种以现实问题为中心的研究方法,发现问题是行动研究的起点。行动研究由教学实践者发起,出发点是发现课堂教学中出现的难题。研究者首先要明晰教育教学现状,意识到所存在的教育、教学等方面的问题,产生立即有效地解决这一问题的需要;然后进一步分析问题的性质和范围、分析制约解决问题的重要因素。同时对解决问题进行设想,要根据对问题的分析,考虑创造什么条件、采取什么方法解决问题。

### (二) 拟定计划

计划是对最初设想的系统化,也是行动研究过程中各个步骤得以落实的蓝图。教育教学情境下的行动研究的本质特点决定了它不是一成不变的,而是一个开放的动态系统,要根据行动中的信息反馈对计划及时进行修改或更正。计划包括总体设想和每一个具体行动步骤的设想,必须有充分的灵活性、开放性。计划是暂时的,是允许修改的。

研究者要考虑整个总体计划和每一个具体行动步骤的计划方案。具体包括:① 确定目标。在陈述计划目标时,尽可能做到客观具体,使目标具有可操作性和监测性。② 拟定变量。这里的变量主要指行动者为了解决问题所采取的某些方法。这种变量的确定不是随意的,必须是与行动者在深入分析问题的基础上,结合自身的理论素养和经验提出来的。③ 确定行动的步骤与时间。④ 确定行动研究数据资料的收集方法、分析方法等。

### (三) 实施行动

行动就是对整个研究计划的实施,这是整个研究工作成功的关键。实施行动是在基本设想、总体计划、具体计划指导下,在研究人员、行动人员、家长及教师的共同协作下,对原先行动加以干预,最终形成所要达到的结果。这里采取的行动,是对研究对象的干预,即施加自变量的影响。它在研究计划所要求的大方向下,容许更多的灵活性。它要求行动实施者在这一过程中有更多的思考,以不断调节行动,使之逐渐靠近解决问题的目标。行动者要根据计划,有目的、有条理地采取行动步骤。

行动者应注意三个问题:行动研究的目的是要解决实际问题,不要把行动看作检验计划的手段。要注意信息的反馈,注意行动的灵活性,重视实际情况的变化,随着对行动及背景认识的逐步加深,及各方面参与者的监督、观察、评价和建议,不断调整行动,灵活地、能动地和创造性地执行事先制订的计划。课堂教学的行动既包括教师的上课,也包括研究者的听课,此时教师的上课就转化为研讨课。教师进入真实的课堂,面对具体的学生,需要根据学生的实际学习情况和教学过程中发生的意想不到的教学事件,去灵活地调整计划。整个研究以循环方式进行,教师对最初的问题进行反思、修正或扩展。

### (四) 观察

观察主要是指对行动过程、结果、实施背景及行动者特点的全方位考察。观察的方法及观察过程要注意科学性、全面性、灵活性。观察的内容具体包括:第一,行动背景因素及制约方式。第二,行动过程,包括什么人以什么方式参与了计划的实施、使用了哪些材料、安排了什么活动、如何排除干扰等等。第三,行动的结果,包括预期的和非预期的、积极的和消极的。要依据研究情况选取相应的一种或几种观察方法,根据观察记录方式的不同,观察可分为叙事性观察法、取样观察法和评价观察法。

### (五) 数据收集

行动研究数据的收集包括多种方式,如日志、录像、录音、课堂教学观摩、问卷调查等。

#### 1. 日志

日志是一种与个人的对话记录,它可以记录作者认为有意义的事件,是一种关于教学情况的日常记录,包括观察、情感、态度、认识、反思、假设、分析和评价等有关教学的内容,包括教学日志(研究日志)、学生日志与对话式日志,见表 6.1。

**表 6.1　日志的分类**

| | |
|---|---|
| 教学日志 | 记录教师在教学中感到有意义的事件、想法和感受 |
| | 是一种个人行为 |
| | 真实、自然地记录下教学的情景和自己的观点、看法及其观点和看法的发展和变化、情感及理念的变化 |
| | 对教学的评价,对预期的结果、未预见到的事件、教学的成功之处与还不满意或不足的地方的评价 |
| | 教师对自己的教学进行反思,使反思成为经常性的行为,为行动研究打下良好的基础 |
| | 保持即时性和经常性 |
| | 使用较厚的、易于保存的正规笔记本 |
| | 固定记录格式和体例,例如日期、地点、主题等 |

| | | 续表 |
|---|---|---|
| 教学日志 | 对教师日志做定期回顾和反思 | |
| | 定期整理,做目录 | |
| | 关于我们教学情况的日常记录 | |
| 学生日志 | 学生可记录学习中的感想,提出问题和困难 | |
| | 教师从学生日志中了解到自己观察不到或意识不到的问题 | |
| | 教师可以为学生提供写学习日志的指导 | |
| | 优势 | 有利于教师了解学生的需求、感受、想法和意见 |
| | | 可以使教师及时了解某一新的教学方式的效果 |
| | | 有益于促进学生反思自己的学习,提高学习能力 |
| | | 有利于促进师生间的平等交流 |
| | 局限性 | 对低龄学生可能不适用 |
| | | 有些学生不愿意把真实的想法写给教师看 |
| | | 学生的意见有时也有一定的片面性 |
| 对话式日志 | 一种互动式的个人日志 | |
| | 学生把自己的想法和感受写下来,教师则需要对学生的日志给予定期的反馈,教师可以在反馈中与学生讨论问题,作出必要的解释和说明,表达自己的态度和看法等,也可以对学生提出问题 | |
| | 教师应该在学期的一开始向学生解释对话式日志的目的和意义 | |
| | 教师应该向学生说明可能在开始时会遇到的问题或困难,及时地帮助学生克服畏难情绪,鼓励学生参与交流,并应提出具体和明确的要求 | |
| | 不必每天写,但每周至少写 3～4 句话 | |

## 2. 录像

录像的优点:可以和观摩记录分析、话语分析等相结合,有利于我们发现更多和更有意义、有价值的信息。能准确记录声音和图像信息。可以不断地回放,容易发现和找出问题。连续的录像可以准确地反映师生互动模式与学生和教师的变化。可以用于案例分析。录像的缺点:设备比较昂贵,不易配备。整理与分析工作费时。对学生的注意力有一定的影响。信息的收集取决于录像人员的角度。需要外界人员的支持和参与。

## 3. 录音

录音是教师研究中使用最广泛的收集数据的方式,可使教师从中获得大量宝贵、真实、客观的信息。教师可以从录音资料中发现很多自己在教学中无法发现的问题。教师需要认真反复地听录音资料,并节选关键部分整理成文字材料,为开展分析做准备,为研究提供数据。

录音的优点:容易操作,不需外界的参与;能完整地收集有声资料;所记录的信息真实、自然、客观;可以记录小组活动的发言情况。录音的缺点:只有有声资料,无法记录表情和动作;数据量大,难以整理和分析;多种活动同时进行时,不易操作。

4. 课堂教学观摩

观摩前双方要确定观摩的目的、内容和方式,做好必要的观摩准备,如设计观摩记录表等。观摩者根据观摩的目的和内容,记录观摩的信息。观摩后,教师与观摩者交换观摩的意见。在 24 小时之内完成观摩反馈意见。观摩者与被观摩者的关系完全是平等、互助、相互信任的。观摩的目的不是为了评价,而是为了改进课堂教学实践。

课堂教学观摩的优势:在自然的教学环境中进行;可以记录非语言的行为;提供第三者的客观与主观反应。课堂教学观摩的局限性:开放式观摩的数据难以量化;观摩者的主观性不可避免;观摩者的出现可能会影响学生的正常发挥。

5. 问卷调查

问卷调查的优势:容易组织,信息反馈快;可提供直接大量的信息;可大范围使用;数据可量化。问卷调查的局限性:准备工作量大;问题设计难;难以得到深层次反馈;数据分析量大。

6. 访谈法

访谈法的优势:教师与学生可以面对面地交谈,并可就一些问题展开深入的讨论;可以及时地了解学生的反馈。访谈法的局限性:比较费时;录音可能会影响一些学生表达真实的想法;低龄的学生不一定能清楚地表达自己的想法;参与访谈的人数有限。

7. 文件信息分析

文件信息主要包括教学大纲、教材、教案、教学计划、考试试卷、学生成绩记录表、学生对教师教学的评价、学生对课程的评价,以及其他与教学和研究有关的文字档案资料。要从研究的目的和主题出发,有选择地收集有关的文件。同时考虑以下问题:文件属于什么性质?文件提供了什么内容或信息?文件是谁制订和撰写的?文件的目的是什么?文件在什么条件下使用?文件具有广泛的代表性还是仅具有特殊性?文件信息分析的优势:提供研究背景,启发思维;提供讨论依据;文件信息分析的局限性:文件不易收集整理,分析比较费时。

(六) 数据分析

数据分析主要有两种方法。第一,及时回顾和整理,撰写数据小结。第二,建立分类方式,整理归档。数据的分析过程包括四个阶段:

1. 整理、分类、编码阶段

对数据进一步整理；检查是否保存好所有数据，对数据进行登记、分类编号保存，检查所有数据均为有效数据，并排除无效数据；采用编码的方式提高数据整理的效率，把同类的数据用同一个符号来表示，进行归类整理；在完成编码之后，要从头至尾地按照统一的编码进行抄写，并对编码做好文字的记录。

2. 统计、发现、呈现阶段

对反复出现的信息单独进行标注，统计出现的频率。

3. 解释、讨论、推理阶段

这是上升为概念及理论分析的过程。

4. 总结、评价、报告阶段

归纳通过分析所得出的结论，进行评价，撰写研究报告。在报告中回顾研究的问题、行动方案设计、实施的过程、数据、收集方式、分析及结果等，应说明研究发现了什么、还存在什么问题等。

### (七) 评估与反思

评估与反思是教育行动研究过程的一个承前启后的阶段，它不仅是现有一轮教育行动研究的结束，也为新一轮教育行动研究孕育着新的问题。

1. 评估

评估要以实际问题的解决程度为依据，评估标准包括四个方面：全面性、重要性、合理性与操作性。全面性，即评估的内容要全面。重要性，即在解决实际问题过程中，要抓住主要矛盾，厘清矛盾主要方面。合理性，即提出解决问题的方案是否有理论依据，符合逻辑。操作性，即提出的解决问题的方案是否能够付诸实践。评估注意事项：评估的内容要全面（问题界定、操作定义、研究方案、方案实施、数据收集与分析）。评估要以实际问题的解决程度为依据，并要拟定下一步行动计划是否需要修正或要做哪些修正及怎样修正。

2. 反思

反思会贯穿于行动研究的全过程。反思的内容包括行动、研究过程、研究者自身的信念与价值观、情绪与经验。可与他人进行交流，进一步完善行动研究。

## 第三节 行动研究报告的撰写

撰写行动研究报告需要相对集中的时间，要对自己严格要求，重视积累，厚积薄发。报告应充分反映研究过程的系统性。报告一般采用第一人称的方式撰写。

撰写行动研究报告包含以下五步。

步骤一：提出课题。包括对教学现状的描述；对教学现状的分析；发现的主要问题；初步调查分析；确定研究课题。

步骤二：确定研究步骤和过程。包括课题设计；确定研究方案和研究步骤；收集数据的方法及方法论证；叙述主要过程。

步骤三：实施过程和实际效果。包括研究的过程与方案的效果；对所采取的措施的评估；新的认识与启示。

步骤四：分析数据。回顾研究的全过程并进行提炼和引证；研究的结论及现实意义；新的问题与下一步计划。

步骤五：反思与启示。回顾研究的过程、研究的意义和用处；有哪些经验和教训。

### 案例展示

案例背景：作者周美林在其论文《教师课堂反馈话语对初中生英语学习动机影响的行动研究》中指出英语是初中"语数英"三大主科之一，英语是否获得"A+"直接影响到初中生是否能考上理想的重点高中，初中阶段的英语学习不容忽视。根据其五年的一线教学经验，通过观察与分析，作者发现刚踏入初中校园的初一学生课堂积极性高、课堂气氛活跃，但是到了初一下学期课堂气氛开始变得沉闷，积极性不高。与此同时，作者也反思了其自身日常教学中的问题，发现自己在课堂上的反馈方式有所欠缺。于是，她猜想两者之间可能存在关系。基于此，作者作出假设，教师的课堂反馈方式会对初中生的英语学习动机产生影响。为了提高自身的教学能力以及提高学生的学习动机，结合实际操作的可能性，作者决定采用行动研究的方式开展研究。

一、行动研究的设计

（一）研究内容

研究的核心目标是解决如何通过使用、优化教师课堂反馈话语以促进初中生的英语学习动机，与此同时，拟解决以下四个关键问题：(1) 教师课堂反馈话语具体使用情况如何？即各类型反馈话语的具体情况使用情况怎样？(2) 笔者所任教班级的学生英语学习动机如何？(3) 学生更倾向于哪类教师课堂反馈话语？(4) 教师课堂反馈话语的使用及优化对初中生的英语学习动机有没有促进作用？具体表现在哪些方面？

（二）研究对象

该研究中的研究对象包括教师与学生。一是教师，即研究者本身；二是研究者一个班级的学生。研究者2015年毕业于西南大学，随之到广西玉林高中附属初中任教，担任一名英语教师，2015年9月至2018年6月，完整地带完一届学生。其间，在2017年春季学期担任过一个学期的班主任。教学量在2015年秋至2016年春，都是三个班；2016年秋为两个班；2017年春为一个班，同时担任班主任；2017秋至2018年春都为两个班。这样的教学经历让笔者在三年内熟悉了初中教材并且初步掌握了初中生的心理特性。学生共 45 名,男生 21 名,女生 24 名。该班学生英语水平整体属于年级中等偏下。

(三)研究工具与方法

调查问卷、课堂录像、课堂观察、访谈、日志等。

二、行动研究的实施

研究者在整个行动研究中,具体包括以下步骤与阶段:前期课堂观察、前期数据处理、行动方案确立、行动计划的实施、行动研究结果分析。其中,行动研究的具体实施包括以下四个阶段。

(一)行动研究的第一阶段

1. 教师课堂反馈话语使用情况

本阶段从教学第二周到第四周,一共三周的时间。按照学校进度计划,在这三周里需要完成 Unit 2 和 Unit 3 的内容。Unit 2 以询问日常活动发生频率为话题,因为学生对于日常活动相关的短语比较熟悉,初一两个学期都有一定的积累,在本单元只需要新增"use the Internet""go online"两个短语。本单元时态是一般现在时,相对于第一单元来说是比较容易的。Unit 3 话题为人物特征、互相比较,在此过程学习形容词的比较级。形容词比较级对于学生来说是一个全新的语法。在此之前,学生对于比较级没有概念。因此学生首先要掌握比较级句型,其次要掌握形容词的比较级变化。

通过准备阶段的总结、反思以及分析,再结合教材内容安排,本阶段的目标有三:一是加大"积极反馈语"的使用,与"重复"一起使用,形成"积极反馈语+重复"这一复合型反馈方式;二是尽可能用"请求澄清",减少使用"元语言反馈";三是如非必要(学生严重违反课堂纪律除外),不使用批评式反馈。

2. 总结与反思

本阶段为研究的第一个阶段。研究者分析在这个阶段里取得了以下几点的阶段性进步:首先,"积极反馈"的使用在本阶段就是笔者获得的阶段性胜利。从无到有的进步,并且研究者没有单纯使用"good"这样的简单评价语来对学生给予反馈,相反,笔者会根据不同题目和不同学生,而使用不同的反馈语从而达到"因材施教"。其次,与准备阶段不断使用"重复"反馈相比,虽然本阶段也有使用"重复",但几乎没有单独机械地去"重复"学生的回答。再者,"请求澄清"这一反馈方式,研究者也使用得较成熟。"请求澄清"的反馈方式给予了学生对目标语思考的时间与机会,这也是让全班学生思考的机会。

(二)行动研究的第二阶段

1. 教师课堂反馈话语

本阶段从教学第七周到第九周,历时三周。教学内容为 Unit 4 和 Unit 5。经过 Unit 3 的学习,学生对于形容词比较级有了一定认识,掌握了比较级的基本句型,并且已经知道形容词还有最高级。Unit 4 的主要目标就是掌握形容词最高级的基本用法,可以挑选最好的电影院话题展开,从各方面进行比对展开。在这个单元当中,学生一要掌握最高级基本句型,二要掌握形容词最高级变化规则,三要区别比较级使用。Unit 5 主要是谈论对于电视节目的喜好,以及根据实际情况灵活安排。结合教学内容,本阶段的目标有三:一是使用"积极反馈语+扩展";二是避免直接"明确纠错",而多用"诱导";三是不使用"零反馈";四是继续坚持第一阶段的目标。

2. 总结与反思

首先,"积极反馈"方式运用得更加自如,并且能够给出具体的肯定评价。"积极反馈"形式更多样了。

其次,"扩展"是本阶段的重要目标任务之一。笔者虽然也在尽量去实施"扩展"反馈,但在实施过程中,笔者意识到,进行适量的又符合学生语言水平的"扩展",这对教师的要求更高了。因为这不仅要求教师清楚学生的基础以及知识水平,更重要的是教师个人的语言素质和知识面要过关。个人的语言表达能力不过关,就无法准确有效传达心中的想法。没有对相关话题的知识储备,也没法进行交流。这时候的储备不仅跟课文内容有关,也跟当代学生的喜好有关系。反思过去,也许正因为这样的高要求,导致笔者少用甚至不用"扩展"反馈方式。但通过访谈和录像回放得知,学生对于教师的"扩展"是很感兴趣的。

再者,回答错误有两种可能。一是回答的内容错误。对于此类错误,笔者要求自己先使用"诱导"。结果发现,效果良好。访谈中,学生也提及这样让他们更清楚自己错在哪里。第二种错误是语言形式的错误,本阶段秉承第一阶段目标,本阶段的"请求澄清"也在贯彻实施,并且能够融合教学目标,有目的地进行适当反馈。

最后,"零反馈"的使用。因为教学程序上的疏忽,致使本阶段的"零反馈"有一次记录。大多数时候,教师会为了走完程序,完成教学内容,而忽略了一些简单的细节问题。

(三) 行动研究的第三阶段

1. 教师课堂反馈话语的使用

本阶段历时三周,从教学十一周到十三周,教学内容为 Unit 6 和 Unit 7。这两个单元都为一般将来时的学习,Unit 6 主要掌握"be going to"句型,Unit 7 学生要掌握"will"句型。根据准备阶段以及前两个阶段的总结与反思,本阶段的目标有四:一是加大"评论"反馈方式的使用,形成"积极反馈+评论"这一复合反馈语;二是适时使用"重述"帮助学生渡过语言关;三是在使用转移式反馈之前能够尝试"诱导";四是贯彻前两个阶段的目标。

2. 总结与反思

在前两次任务的基础上,再加上本次任务的目标,研究者在本阶段获得以下进步。

首先,"积极反馈"频率仍然很高,并且能够和"重复""扩展""评论"等方式结合。并且"扩展"与"评论"也能一起形成复合型反馈方式。无论是"扩展",还是"评论",这两者对教师的要求都相当地高。没有一定的积累以及语言能力,"评论"也是空谈。并且,通过本阶段,笔者发现,"评论"其实可以是每节课的感情升华所在。无论是"扩展"还是"评论",都为学生提供了更多的有效输入,给学生更多课堂参与互动的机会。

其次,与"请求澄清"和"元语言反馈"不同,"重述"的反馈方式给了学生更多的机会与发挥空间。因为学生想表达的内容都不再受到"管制",可以充分地表达自己心中所想。但是"重述"除了对教师的语言表达能力有要求之外,还要求教师是一个好的倾听者,能听出学生心中所想。

最后,还是一样的观点,"转移式"和"批评式"的反馈方式不能一刀切地否定。因为在实际的课堂操作中,这两者还会发挥"震慑"的作用。

(四) 行动研究的第四阶段

1. 教师课堂反馈话语的使用

本阶段历时三周,从教学十五周到十七周,教学内容为 Unit 8、Unit 9 及 Unit 10 三个单元。Unit 8 以制作食物为话题,由此掌握表示步骤的词汇以及加强掌握祈使句。Unit 9 要求学生用情态动词发出邀请,并且要掌握其接受与拒绝句子。Unit 10 是让学生掌握条件状语从句。根据准备阶段以及前三个阶段的行动研究和总结分析,在本阶段,笔者认为应该综合考虑教师的反馈方式。在 Unit 10 Section B 2a-2e 的阅读课中,笔者上了一节公开课,邀请了全校英语教师进行旁听,同时对本节课进行了课堂录像。

2. 总结与反思

本阶段是整个行动研究的最后一个阶段,该阶段如同学生的"期末复习"和"期末考试"。通过这次的"期末考试"考核,笔者认为在教师课堂反馈话语上还是取得成效的。首先,积极反馈语的使用在前三个阶段的练习上,使用已经较稳定,即能够做到几乎对每个学生的问答都加以"积极反馈",但是又不限于形式上的积极肯定。其次,复合型的反馈方式用的较多。

经过一个学期的行动研究,最后对学生的学习动机进行再次调查,前后对比发现变化不显著。但是动机各个维度的均值都有所增加。本次研究的动机分类借鉴了高一虹(2003)的分类,再结合学生实际,将其分为内在兴趣、个人发展、学习情境、社会责任、媒体工具等五个维度。

经过此研究,研究者对于反馈的认识及运用能力都有所提高。日积月累、厚积薄发,教师恰当的课堂反馈话语会对学生的英语学习动机产生影响。

(资料来源:周美林. 教师课堂反馈话语对初中生英语学习动机影响的行动研究[D]. 重庆:西南大学,2020.)

# 第七章 观察法

在众多教育教学研究方法中,观察法是人类在经验世界中获得外界信息最基本、最常见的一种方法,也是教师在教育教学活动、教育教学研究中使用最普遍的方法。

## 第一节 观察法概述

观察法是描述性研究方法,可以作为一种独立的研究方法使用,也可以作为其他研究方法的一种辅助方法。它在教育教学研究中运用得非常普遍,是教育教学研究搜集资料的基本途径,也是检验教育教学理论和研究假说是否成立的重要手段。通过科学的教育教学观察,可以发现教育教学过程中存在的问题,了解问题的关键所在,并找到解决问题的方法。

### 一、观察法的内涵

在古代,观察是研究周围世界的主要方法。在科学高度发展的今天,观察仍然是科学研究的一种基本方法。研究者可以通过直接观察取得有关教学活动及教育现象的资料,作为进一步分析、解释、研究的基础。

#### (一) 观察法的概念

观察法是研究者通过感官或借助一定的设备,有目的、有计划地考查学生或教育教学现象的一种研究方法。陈坚林(2004)把观察法定义为研究者通过感官,有目的、有计划地考查学生或教学现象的一种收集资料的方法。观察法的核心是对处于自然状态中的研究对象进行观察,获得真实的资料。杨鲁新(2013)认为观察法指观察者通过自身的感官(如眼、耳)或者相关辅助工具(如观察表、录音录像设备等),直接或间接(主要是直接)收集课堂内及课堂外资料的一种科学研究方法。教育观察活动贯穿于教育研究活动的全过程,在过程的各个环节和阶段中,对于研究者认识教育本质、揭示教育规律、发展教育理论等都起着重要的作用。本章所讲的观察法指在教育教学情境下开展的观察研究。

### (二) 观察法的特点

教育教学情境下的观察法具有如下特点:

1. 计划性

观察法需要详细而科学合理的观察方案,需要按照预定的计划进行,有目的、有重点地从大量教育现象中选择典型对象和典型条件,事先安排好观察活动的时间、顺序、过程、对象、仪器、记录方法等。

2. 目的性

任何一项教育教学观察研究,都承载着一定的目的和任务。教育教学观察是为了解决教育教学领域某一实际问题而展开的。例如教师在课堂上观察学生的英语口语输出情况,以此了解学生的英语口语表现能力与特点,分析现象背后的原因,以提高学生英语口语学习效果;研究者观察英语教师在课堂上的口语表现,以此了解教师教学的特色或存在的问题,以提高教师教学水平或为教育研究工作收集资料。明确的观察目的是保证观察的进程与效果的前提条件。

3. 直接性

即研究者与观察对象的直接联系。由于观察的直接性,研究者所获得的资料真实可信,准确有效。教育教学观察是观察者在亲自观察的基础上,如实记录观察对象在现实生活、学习、交往等活动中真实、典型的表现,避免了由于语言传递或文字转载等导致的结果失真。特别是,观察过程中没有人为的干预因素,观察对象可以展现出自己的原本状态,观察结果具有说服力与可靠性。

4. 重复性

教育教学观察中所获得的往往是被观察者外部行为的表现特征,为了更详细地记录被观察者的一举一动、收集到更有用的资料,一般会出现重复观察的情况。重复观察可避免观察的表面化和片面化。

### (三) 观察法的作用与功能

观察法是教育科学研究中最常用的一种方法,是教育科学研究中搜集各种研究材料的基本途径,因此,在教育教学研究中具有重要意义。通过对教育事实、教学现象的观察,从而获得认识该事实的比较充实、客观的材料,这是发现和提出问题、进而通过研究得出一般教育教学规律的基本前提。具体来说,其作用与功能表现如下:

(1) 有助于了解和研究各种教育教学活动。教育教学研究的对象主要是教育教学情境中的人。通过观察,可以了解学生的学习、生活、娱乐等方面的情况,了解教师的教育教学活动,了解学生与教师的关系,了解学生或教师的群体气氛,了解其他教育影响的作用等。学生的态度、情感、意志等许多复杂的心理状况在很大程度上通过面部表情、动作行为表现出来。研究者可以通过科学、严谨、详细的观察为准确的判断提供依据,调整教学内容和方法,进而总结出教育教学的经验和理论。

(2) 有助于教育教学理论的提出与验证。教育教学观察是检验教育教学理论、假说的重要手段。教育教学理论的提出是在教育实践基础上的飞跃与升华。在教育教学研究中所推导出来的关于未知事实的结论可通过观察获得更多的教育客观事实,并加以检验。观察可以为某一理论的提出提供大量而丰富的感性材料。

(3) 有助于解决特殊情境中的问题。具体包括以下情境:当教育教学中的有关现象很少被人所知时;研究者需要了解有关事情的连续性、关联性以及背景脉络时;研究者看到的"事实"与当事人所说的内容之间存在明显的差异时;"局外人"与"局内人"对同一事物的看法很不相同时;研究者需要对教育教学现象进行深入的个案调查,而且这些个案在时空上允许研究者进行一定时间的参与观察时;对不能够或不需要进行语言交流的研究对象进行调查时;研究者希望发现新观点、建构自己的"扎根理论"时。观察法是解决上述情境问题最重要的研究方法。

## 二、观察法的优缺点

作为一种基本的研究方法,观察法贯穿教育教学研究的全过程,有其自身的优点,但是也有其局限性。

### (一) 主要优点

(1) 获得的资料可靠性较高。研究者与观察对象之间直接进行联系,直接进行观察,研究者所获得的资料可靠性较高。被观察者一般处于自然状态下,研究者获得的信息资料可靠性较高。有时,观察中还可获得一些意料之外的资料。

(2) 可以发现问题。观察是发现问题、提出问题的前提。没有科学的观察就没有发现,只有不断地观察,才能发现问题、提出问题。教育教学领域中有许多有待研究的问题,需要研究者善于观察、捕捉和思考问题,透过现象,发现问题背后的本质。

(3) 有助于累积资料。许多学者都是通过对教育对象或教育现象进行长期观察,并把观察结果记录下来,获得教育研究的第一手宝贵资料的。陈鹤琴先生用日记的方式,从自己孩子刚出生,就对其身心变化和各种刺激的反应进行周密的观察,连续追踪观察了808天,积累了大量的研究资料,著成了有较大影响的《儿童心理之研究》一书。

(4) 弥补其他研究方法的不足。教育教学中的一些特殊问题使用观察法更合适。比如,要研究在教学能力大赛中获得特等奖的英语教师的课堂教学特点,就需要用观察法有计划、有目的地对其课堂进行深入观察,从观察到的许多真实现象的背后,归纳出该优秀教师的课堂教学特点,为探索优质英语课堂教学改革提供借鉴与参考。

(二) 主要缺点

(1) 观察的客观性易受影响。观察记录易受观察者情感、价值观、经验等主观因素的影响而产生偏差。研究者从观察中获得的往往是外部行为的表现特征,无法直接观察到被研究者的内心活动。上述情况容易影响观察结果的客观性。

(2) 样本数量较小,不易有代表性。相对于其他研究方法,观察法的样本数量较小,会从某种程度上影响结论的可推广性。观察获得的资料往往是表面的、感性的,因而也容易使观察结果带有片面性、偶然性。

(3) 对研究者能力与水平要求较高。研究者应受过一定的观察训练,具备一定研究水平和素质。同时,研究者需要有一定的理论知识储备,较为系统的观察计划及科学严谨的执行能力,能对效度和信度进行检验和控制。

(4) 受时空限制。观察者开展观察时受到一定的时空限制,因为观察只能观察当前的现象,而无法观察过去和未来的现象,研究者不可能在任何时刻、任何情况下都能对研究对象进行观察。

(5) 时间长,较费时。为了收集到有用的资料,研究者一般会花费很多的时间进行观察,这就导致教育观察有时比其他收集资料的方法更费时等。

### 四、观察法的类型

不同类型的观察方法之间是互相联系、互相补充、互相渗透的,一般以交错的形式出现。了解各种观察方法的特征、分类及相互间的关系,可以使我们在制订调查计划、确定观察对象和具体实施观察时有一个系统的理论概念。观察法中的观察方式多种多样,从不同的维度看,常见的有以下几种类型:

(一) 按照有无严格的研究计划和研究目的划分

1. 正式观察法

正式观察法又称为结构性观察法,即有详细科学的观察计划、预先的研究目的与假设、明确的观察指标体系和系统的可控制性的观察。这种观察多用于描述性研究和实验研究中的资料搜集。

正式性观察法又可分为实地观察法和实验室观察法。实地观察法是指观察客体所处的地点、情势是处在自然状况下的、观察者前往观察实地所进行的一种观察研究。在实地观察研究中,观察者明确观察对象在运动过程中的各种因素,尤其注意和记录对研究有意义的因素,取得有明确目的性的观察资料。实验室观察法不仅要有明确的实验目的和严密的实施计划,而且观察者必须精确地测量观察对象,必须严格地控制一个或一个以上的变量,并观察这种控制对另外变量的影响,从而发现观察客体内部的因果关系和相互关系。

2. 非正式观察法

非正式观察法又称为非结构性观察法,指观察者在日常生活中通过亲身感受或体验获取观察对象的感性材料,观察目的也只限于对观察客体的一般性了解,是对自然存在现象随机的、自发的感知,没有周密的观察计划和观察提纲,是科学观察的基础和初级形式。

非结构性观察法又可分为现场观察法和实地观察法。现场观察法是指观察客体时间上的突发性和地点环境上的不确定性,观察的目的仅限于在较短时间里得到最基本的资料的一种观察研究。它适用于对集体行为以及一些偶发事件的观察研究。非结构性的实地观察法一般是在确定观察地点确定时间内,并有一定目的性的且在自然状态下所进行的观察研究。它适用于教育行政部门检查工作、领导干部体察民情、有计划的社会调查、科学研究探索性的资料搜集和补充调查中的资料搜集等。这种方法简便易行,但资料的获取主要是凭印象而得,观察的成功与否取决于观察者的世界观、综合知识结构和专业技能等各种因素。教育教学工作上大多使用非结构性观察法,而教育教学研究上多使用结构性观察法。

**(二) 按照研究者与被观察者的接触程度划分**

1. 参与观察法

在参与观察研究中,研究者深入到观察的客体中去,充当其中的一个角色,参与其中的活动,使客体中的人员把他视为他们中的一员,以相应的态度对待他,观察者便利用这种有利的条件观察客体的深层结构及其关系,了解有价值的资料。但是,观察者必须保持清醒的头脑,保持敏锐的观察触角,以防止被观察对象同化。同时,还应注意科研道德,不能观察和过问个人不愿公开的隐私。

2. 非参与观察法

非参与观察法指观察者纯粹扮演观察的角色,观察者通常被视为局外人,不参与客体的任何活动。非参与观察研究既可在自然情境下进行,也可在实验情境下进行。例如,研究者去教室观察教师与学生的交互作用的行为,每次观察时间为1小时,连续观察5周后,比较教师期望高的学生与期望低的学生是否存在不同的师生关系。这是在自然状态下进行的非参与观察研究。

**(三) 按照研究者的观察方式划分**

1. 直接观察法

直接观察法是指直接通过感官考察研究对象的方法,其优点是直观、生动、具体、真实。

2. 间接观察法

间接观察法是人的感官通过仪器观察研究对象的方法。它的优点是扩大了感官研究的范围,提高了观察的效率,使获得的材料更为精确。

### (四) 按照对被观察者的抽样方式划分

1. 系统观察法

系统观察法是把观察客体视为一个整体进行观察研究的方法。这个整体是一个有一定范围和逐级阶梯体系的系统。这不是凭直觉和经验的观察,而且是有系统的观察客体构成的要素、结构功能以及发展过程的立体式观察研究。

2. 随机观察法

随机观察法是按照随机抽样的基本原则,从观察总体单位中科学地抽取部分单位进行观察研究,搜集资料并以此推断整个观察总体的一种方法,它与系统观察法的主要区别在于观察客体的确定和范围的选择。

### (五) 按照观察时间长短划分

1. 短期观察

短期观察次数少,时段相对集中,完成观察所需时间相对较短。

2. 长期观察

长期观察次数多,时段比较分散,所用时间较长。注重研究观察对象发展变化过程的长期观察又叫跟踪观察。

### (六) 按照被观察者的知情状况划分

1. 隐蔽型观察法

观察者在被观察者不知道的情况下进行观察,不影响观察对象自然的社会结构和内部人际关系,但违背了观察对象"志愿"的伦理原则。

2. 公开型观察法

观察者事先说明身份和任务,被观察者知道自己在被研究。这符合伦理规则,但可能造成"研究者效应",被观察者也许因为某些方面的顾忌,会有意识地改变自己的行为方式。

### (七) 根据情境设置是否有人为因素划分

1. 自然观察

自然观察是研究者在完全自然情况下进行的观察,它对现场环境不作任何人为控制。

2. 条件观察

条件观察是指观察者对观察环境预先进行精心设计与布置,观察过程中对现场有关因素进行调控的观察。条件观察虽然对被观察者所处的环境现场情境作一些布置和控制,但对被观察者而言,还是处于自然的状态,并没有对其行为反应作任何控制。

## 五、观察的方法

观察的方法很多,每种方法有其适用范围和对象,有其优点与缺点,观察者可根据自己的观察目的和当时的观察条件灵活运用。下面介绍几种常见的方法。

### (一) 日记描述法

日记描述法是最古老的观察方法,也是最简便易行、使用最广的方法之一。日记记录是一种记录连续变化、新的发展或新的行为的观察方法,强调记录的连续性,要相当长时间地观察同一被试者或同一组被试者。日记的内容有两种:一种是综合性的,即把观察对象各个方面的行为表现都如实地记录下来,一般用于全面研究观察对象或研究一类观察对象的某种共有特性。另一种是指定性的,即只记录观察对象某一方面或某几方面的行为表现,一般为专项研究观察对象某种特性所用。日记描述法适于长期跟踪观察,可以了解观察对象的一贯表现和发展变化情况,有利于做出科学判断,得出正确结论。日记描述法的记录材料真实、详细且有连续性、发展次序性,可长期保留和反复研究利用。采用日记描述法进行观察,在什么时间、什么场合进行,观察多长时间,采用哪一种记录方法等,这些都可以根据具体观察目的、观察条件而定,要求不十分严格,只要有观察的需要和条件都可以实施观察。

日记描述法往往用于对个别或少数对象的日常观察,对于解决个别学生的某些问题具有十分重要的意义。但是,其不足表现为缺乏代表性、观察案例有限、费时费力等。

### (二) 实况记录法

实况记录法即把观察对象在某种场景下某段时间内的所有行为动作、言谈表现,包括其与环境及他人的相互作用和交往等实况全部记录下来的观察方法。采用实况记录法进行观察活动,究竟选择在什么场景下观察,观察多长时间,都应根据本次观察的目的来确定。观察时间一般以一个小时左右为宜,时间过短,观察到的资料少;时间太长,观察者容易疲劳。如果因特殊需要,观察时间可延长至两个小时或半天,也可安排两组观察者轮流执行观察。把最终观察到的行为、语言、场景等进行归纳整理,形成一份完整的观察记录资料。

由于实况记录法所获资料详尽、真实、原始,不仅可供研究本次观察目的所用,而且可供研究多种观察目的所用。如果一次实况记录观察资料不能满足某个观察目的的需要,则可进行多次实况记录观察,以实现观察目的。

### (三) 轶事记录法

轶事记录法即观察者在观察过程中,以记事为主,从事件或行为刚刚发生到事件或行为的结束都要完整地记录下来,特别是观察对象的行动、言语、表情及周围场景等均需用准确的词语如实地进行客观记录,不加以主观判断、人为推测或解释的方法。

轶事记录法具有日记描述法的某些优点,既可对观察对象进行长期跟踪观察,记录资料具体、详细、真实,能够反映观察对象的发展过程,有长期保留和反复研究利用的价值,又回避了日记描述法严格的观察记录时间的要求。它是以记事为主,随时随地都可以进行,简单易操作,已成为教师开展观察活动、积累教育教学和教育研究资料的一种最常用的方法。但是轶事记录法属于非正式观察法,对观察的步骤和要求不太严格,因此,观察活动必须要求观察者有较高水平和较强能力,并能控制主观因素的影响,保证观察结果的有效性。

### (四) 时间取样法

时间取样法即专门观察和记录在特定时间内发生的特定行为的观察方法。其中,特定时间,指统一确定的时段;特定行为,指预先确定的行为。其理论基础是样本原理,即把观察对象在所取时段中的行为表现视为其一般的行为表现。其研究步骤包括:明确观察目的;确定观察对象,选择目标行为进行分类,且严格规定操作意义;设计和编制适当的记录表格;制订观察实施计划,包括确定总的观察时间、人员安排及如何记录等;实施观察并做好记录;对记录资料进行整理;得出结论。

### (五) 事件取样法

事件取样法即专门观察和记录预先确定的行为表现或事件完整过程的观察方法。它以预先确定的行为表现或事件作为观察样本,通过样本行为表现或事件的观察推及观察对象一般的行为表现。其具体做法与时间取样观察法大体相同,只是使用事件取样观察法时,观察者需要等待所选行为或事件的发生,然后才能认真观察记录。必须预先了解样本行为或事件的一般状况,以便在最有利、最合适的时机和场合进行观察。同时要求观察者对需要记录的行为或事件的类型和定义都十分明确,耐心等待这些行为表现的出现或预定事件的发生。只要预定的行为或事件一出现,就必须马上记录其全过程。不仅记录行为或事件本身,而且要把行为发生或事件出现的前因后果及环境背景情况也记录下来。

事件取样法具有时间取样法的一些优点,既可预先计划和安排,在有准备的情况下获取有代表性的行为样本,又可在一定程度上保留行为或事件的连续性和完整性,还可以得到关于事件环境与背景的资料。它可以运用于对比较广泛且经常出现的行为事件的观察,是教师和教育教学研究人员经常使用的一种方法。

### (六) 核对清单法

核对清单法即把要观察的行为表现或发生的反应排列成一个清单表格,并标明这些项目的行为是否出现的两种选择,供观察者判断后选择其中一种做记号的观察方法。它既是一种观察方法,也是一种记录方法。在时间取样法和事件取样法中,都可以使用核对清单表,观察记录特定行为的出现。观察时观察者观察到某种行为,只需核对清单表,立即做下标记即可。核对清单法易操作、快速省时。由于它需要对观察的具体行为预先设计与排列,观察时有详细说明,故能在观察时目的明确,便于收集信息。如果设计得当,所获资料还可灵活地加以综合和量化处理。

编制核对清单表,一般有三个步骤:① 列出主要项目,即确定所研究的问题包括哪些内容,每项内容有哪些方面的表现。② 把各项内容和各种表现具体化,一直细化到与观察对象在特定情境中可能出现的行为或可能发生的反应吻合一致。③ 排列制表,即把经过细化的行为表现,根据观察的需要,按一定的逻辑顺序进行排列,然后编制成表格。

## 六、观察记录的方法

记录方法与观察方法密切相连,使用什么样的观察方法就要采用与之相应的记录方法。下面介绍几种常见的记录方法:

### (一) 等级式记录法

等级式记录法即观察者对所观察的对象评定等级,即根据某种等级评定量表中规定的具体标准,对照观察对象的行为表现、全面客观地给予评定相应等级并做下记录的方法。此方法虽然不需记录行为表现的具体过程,但必须认真观察其过程并进行科学的评价,以便客观评定其等级。评定中所依据的等级标准可以是现成的,也可以是自己编制的。观察者可以在预先印好的表格上按级划圈。这些量表必须科学、合理,标准界限较明显、便于使用操作。由于评定什么等级是由观察者主观判定的,因此难免会受观察者主观因素的影响。为了保证评价客观,除了要求观察者提高水平外,一般应组织数人共同观察,然后共同研究评定等级。

### (二) 实况式记录法

实况式记录法即把观察对象的具体行为表现或事件发生发展的过程详细如实

记录下来的方法。因为行为表现不断出现或事件发生发展过程需要一定的时间长度,实况记录法往往需要连续记录。这种记录方法要求详尽、真实、有序,不加评价、推断和解释。如果人工手记,可用笔记的方法,在现场作连续记录,需熟练快速。也可以运用录音机、录像机、摄影机将观察到的情况摄录下来。在观察群体活动时可用两台或多台摄像机从不同角度、远近景结合分工拍摄,以保证从不同位置和角度记录观察对象的动作、语言、表情等,使观察材料完整。使用描述记叙方法观察时一般都采用这种记录方法。

### (三) 符号式记录法

符号式记录法指的是用某些符号代表某些行为表现,即用某些符号代表某些行为表现,记录时不用文字描述行为动作,只写出预先规定的符号的记录方法。为了提高记录的速度,可以编制记录代码。所谓记录代码,就是用一些数字、字母、符号等表示一定的事件和行为单位。例如,数字代码:1 听讲;2 记笔记;3 主动发问;4 回答问题;5 做练习;6 互相讨论等。字母代码:A 活跃,a 安静;B 接近别人,b 回避别人;C 注意力集中,c 注意力不集中等等。在采用数字或符号替代文字的记录方法之前,必须建立一个代码系统,什么数字或符号代表什么行为动作或表现,观察者必须十分清楚,以免记错。记录结束之后,要进行统计整理还原成文字资料以备研究之用。是非式记录法也属于符号式记录法的一种,是非式记录法指在表格相应的项目中,写上"√"表示"是",写上"×"表示"非"。

### (四) 频率式记录法

观察者将规定好要观察的研究对象的项目预先印在纸上,凡出现某种现象,就在这个现象的框上画一个"√",或在表格相应的项目中,记录观察到的某种行为出现的次数,如某种行为出现 5 次,可记录为"正"。

## 第二节 观察法的设计与实施

要进行科学的教育教学观察研究必须要明确研究目的与意义,制订详实的观察方案与实施计划等,做到观察与思考相结合、观察与比较相结合,在观察中思考,在思考中观察;在观察中比较,在比较中观察。

## 一、观察法的设计

做好观察前的准备工作,是进行科学观察的基础,准备工作的好坏是观察成败的关键之一。观察研究的设计内容包括:制订观察计划、观察提纲;准备观察所用工具材料等。

### (一)制订观察计划

观察计划是确保观察研究有目的、有计划、有步骤实施的前提和根本。观察计划的制订要遵从一定的原则与要求:符合实际情况,考虑周密,条理清楚,明确具体,有着导向性和可行性。观察计划的执行也不是绝对不变的,有时在实际观察中如果发现新情况、新问题,或原定的观察计划不符合实际,也可以根据需要,对原计划作适当的补充与调整。

研究者需要从实际或研究的课题目的出发,制订切实可行的观察计划。一份完整的观察计划应该包括:观察目的、观察对象与范围、观察时间、观察地点、观察内容、观察方法、观察记录、观察人员的组织分工等(见表7.1)。

表 7.1 观察计划表

| 主题(研究课题) | 研究的主题或课题的名称 |
| --- | --- |
| 观察目的 | 为什么而观察 |
| 观察对象与范围 | 观察谁,他或他们是什么人 |
| 主题(研究课题) | 研究的主题或课题的名称 |
| 观察时间 | 观察次数、观察密度、每次观察的时间等 |
| 观察地点 | 在什么地方观察 |
| 观察内容 | 需要什么材料和设计什么问题,即研究问题的维度 |
| 观察方法与手段 | 具体的观察方法、采用的仪器设备、如何保持观察对象和情景的自然状态 |
| 要搜集的材料 | 从研究中要收集的材料、资料、数据类型等 |
| 观察步骤安排 | 观察如何进行,观察的程序,如何保证观察对象的自然状态等 |
| 其他 | 包括组织、分工和有关要求 |

1. 明确观察目的

观察目的是根据课题或项目任务和观察对象的特点而确定的,是解决为什么观察和观察什么的问题。科学观察之前,必须清楚观察调查是为了解决什么样的问题,然后从所要研究的问题出发,明确观察目的。

2. 确定观察的范围与对象

首先预先了解和评估观察对象的背景、经历、是否被观察过,与相关单位沟通好,确定观察的总体范围。其次确定观察的客体对象与具体项目,集中细化观察,根据初步收集的资料确定观察的重点,将观察进一步细化。

3. 确定观察内容

确定需要什么材料和设计什么问题,即研究问题的维度。观察活动应围绕研究主题进行,把将要观察的内容具体化。具体化的观察内容要能较全面地反映研究课题的特征和变化,要有明确的限定范围。

4. 确定观察的方法与手段

观察的方法与路径很多,一般有如下几种。(1) 深入课堂听课。听课的目的是观察课堂上教师的教与学生的学的情况,可以直接收集到教师课堂教学的资料,了解教师的教学思想和技能;还可以考查学生的学习活动、课堂行为以及心理特征等。(2) 访谈。与观察对象访谈,可直接观察和了解观察对象的个性心理特征、思想倾向、仪表情态以及身体状况等。访谈包括个别访谈和小组访谈。访谈时,研究者要善于察言观色,及时把握访谈的进程与方向。(3) 实地参观考察。如开展办学评价时,务必亲自到现场参观校舍、学生活动场地、设备、校内外环境等,还要巡视校园管理、课外活动。

5. 确定记录的要求与方式

研究者在观察前需要明确观察记录的要求与方式,以保证在观察时不受影响,增加观察结果的可靠性、真实性与有效性,具体要求与内容见表7.2。

**表7.2 记录的要求与方法**

| | |
|---|---|
| 1 | 要设计统一的记录表格,最好是设计在单面纸上 |
| 2 | 要设计统一的填写符号,以提高记录的速度和记录的一致性 |
| 3 | 要有统一的文字阐述要求,表格内容如需阐述,要言简意赅 |
| 4 | 实地观察时可使用代号或缩写形式,事后追记详情 |
| 5 | 实地观察可使用录音机,将观察到的内容先口头录入录音机,以后有时间逐句整理 |
| 6 | 数字等级:用数字的等级形式来表达观察结果的一种设计方法,研究者先要确定观察问题中表示程度上区别的文字,并以此为基础记录下被观察现象在各程度上的不同次数 |
| 7 | 评价等级:研究者根据观察目的和观察任务,设计出一个相关的水平等级,可以用数字、英文字母表示 |

6. 设计观察问题

观察问题的设计要围绕研究课题,要有针对性,要有利于观察记录的全面性、系统性和准确性。一般有两种形式。第一种是观察清单。先确定观察的主要目的和任务,然后据此选定所要观察的具体内容,同时把内容按一定要求列出一个清单表格。第二种形式是开放性观察。不设"条框"限制,让研究者有一个自由发挥的空间,把观察到的真实情况,用文字形式记录下来。

### (二) 制订观察提纲

观察提纲能确保数据的有效搜集,使后期的数据处理更加清晰、更易操作。观察提纲依据观察目的和有关理论假设来确定,以纲要的形式使观察的项目内容具体化。观察提纲既可放在观察计划中,也可以从观察计划中单独列出。观察提纲的制订需要严谨认真,要求研究者熟悉整个研究。

观察提纲的编制涉及很多层面:研究的基本方法、研究者的专业理论基础、对观察对象基本特征的熟悉程度、对观察目的的理解深度等。要拟订观察提纲,需要提前查阅与研究课题有关的文献资料,厘清有关变量的内涵,掌握一定的理论框架,并结合实际进行分析,然后制订出观察提纲来。制订观察提纲时,先确定观察的具体内容,然后将内容进行细化,再列入观察提纲。观察提纲一般包括观察谁、观察什么、何时何地观察、如何观察、对观察到的现象或结果的解释。

### (三) 准备观察工具

观察研究所使用的工具一般包括记录表格、观察仪器等。为了便于迅速、有条理地记录所观察到的情况,以便日后整理和运用,在准备工作阶段就要制订有关的观察记录表格。记录表格应根据研究目的、内容、特点等编制。优良的观察表格不仅可使观察记录简约化、精确化、条理化和便利化,减少做记录的时间,确保观察者把注意力始终集中在规定的观察内容和范围上,同时还能使观察资料具有数量化特征,便于量化,使观察结果清晰明确,便于整理和比较分析。

## 二、观察法的实施

观察法的实施包括:

### (一) 进入观察现场

如果进行课堂观察,建议研究人员坐在教室的后面。如果研究人员需要观察某几位学生的课堂学习,也可以根据情况调整,比如尽量坐到能看到学生面部的地方。原则上讲,研究人员应最大限度地减少因自己的出现而引起的负面效应,尽量做到不被人注意。

进入现场要注意两方面：(1)选好观察位置,有较好的角度和光线以保证观察有效、全面、准确。(2)尽量不去惊扰观察对象,也不要与观察对象互动。如果是外部观察,最好不让观察对象知道；如果是内部观察,要与观察对象建立良好的关系,以免其产生戒备心理。研究人员的出现可能会在某种程度上影响所观察的事情,然而如果观察者没有出现则无法知晓所发生的事情,这个现象被称为观察者悖论。应尽量采用隐性观察等方法避免观察者悖论。

### (二) 开放式观察

用开放的心态对观察对象进行全方位的、整体的、感受性的观察。训练对周围事物的敏感和反思能力,了解周围的人和事物的状态以及相互关系,了解自己的感受和产生感受的原因。了解应该对问题采用什么观察方法,哪些问题不能用观察方式。对周围的环境保持开放的态度,每一次观察都是一次认识的重构。实施观察要注意看、听、问、思、记等的互相配合,达到最佳观察效果。

(1) 观看。这是观察最主要的方式。凡是与观察目的有关的行为反应和现象都要仔细察看。

(2) 倾听。凡是现场发出的声音都要听,特别是观察对象的发言更要仔细地听。

(3) 询问。内部观察时,观察者可面对面询问观察对象有关问题。

(4) 查看。现场查看与观察目的有关的资料。例如听课时查看学生当堂的练习情况以了解上课效果,参加会议时查看以前记录,以了解前后连贯情况。

(5) 思考。从进场开始获取信息时就要进行思考、分析,随着观察活动的深入进行、观察资料的积累,逐步形成自己的初步看法。

(6) 记录。根据观察的类型、方法选择恰当的记录方法,及时、准确地做好现场记录。记录应该以全面描述为主,尽可能记录下所有看到、听到和体会到的东西,记录感触。

### (三) 逐步聚焦

对观察的整体现场有了一定的感性认识,明确希望回答的观察问题后,观察者便可以聚焦观察。聚焦的程度取决于研究的问题、具体的观察对象以及研究的情境。聚焦时的视野可以有单一和开阔两种方式,前者适合对单一现象或行为进行集中的观察,后者强调对整个事件进行全方位的关注。

### (四) 回应式互动

将自己融入观察的文化(情景)中,对观察对象发起的行为做出相应的反应,而不是采取主动的行动。

### (五) 停止观察

需要观察的项目已经全部观察完毕,继续观察下去还是同样的重复内容,则表示观察达到了"饱和"状态。

### (六) 整理与分析观察资料

现场观察获取了大量信息资料,接着需要对这些信息资料进行整理分析。

第一步:对观察中记录的内容进行修补,改掉明显错误的地方,补充遗漏的地方,使观察记录完整、清楚、准确。

第二步:进行编码和分类。所谓编码,就是用分析的概念或数字、符号对记录的文字进行标注。常见编码有过程编码、策略编码。所谓分类就是在编码的基础上,把同一类编码的资料归集在一起,装在文件袋里,然后在每一个编码题目的下面,标出资料所在的页码、行数等,并把各处的资料编上序号,便于查阅和利用。

第三步:在整体把握观察事件的基础上,确定分析单位和进一步分析的工具与框架。

第四步:借助于确立的概念和分析工具,对原始资料进行量化处理,即对经过编码分类的资料,运用数理统计的方法进行加总、求平均数、求百分比、求方差、差异检验等。

第五步:尝试进行定性分析,争取从经验的基础上建立理论。完成这一步骤需要丰富的经验、较高的理论和较强的创造能力。其操作程序是:(1) 对资料进行逐级登录,从资料中产生概念;(2) 不断对资料和概念进行比较,如果资料不足,可以进行补充观察;(3) 发展理论性概念,建立概念和概念之间的联系;(4) 理论性抽样,不断就资料的内容建立假设,通过资料和假设之间的轮回比较产生理论,然后使用这些理论对资料进行编码;(5) 建构理论,并融入相应的理论体系中去。

### (六) 观察者的反思

观察者应该反思自己如何看到和听到这些事实、自己在观察的过程中的心路历程。反省自己的思维方式,了解使用的具体研究方法和过程,分析观察角度、记录使用语言。同时要反省观察中出现的相关伦理道德问题。反省自己对研究问题的前设、个人生活经历、政治立场、宗教信仰、种族、性别、社会地位、受教育程度等。澄清目前自己仍然感到困惑的问题,说明不清楚的地方,纠正错误之处。

反思角度一般有三个:第一,进行推论的依据,给出相应的证据,将事实与推论分开。第二,注意自己情绪,在相应笔记部分记下自己的情感反应。第三,观察者的叙述角度,笔记应该保持第三人称的视角,不能使用局内人叙述角度。反思的记录可以在每次笔记的最后单列一段,记录当时观察的一些心得或者相关的想法;也可在观察记录的每页边上留出一部分空间,专门作为评论区域。

### 三、观察法实施注意事项

观察实施中要特别注意以下五个方面:

#### (一) 明确观察的目的性

目的性是科学观察区别于一般感知活动的根本标志。科学观察必须以明确的目的性为基点,做到观察的整个过程有目的、有计划、有步骤地进行。

#### (二) 保证观察的客观性

观察所得的事实材料是否真实、准确,即是否反映了被观察客体的本来面目,直接关系到研究结果的真实性。因此,研究者必须坚持客观性原则,以实事求是的科学态度进行观察研究,不带有主观倾向性。

#### (三) 确保观察的有序性与全面性

观察时要有序,即时间和空间的先后次序。按照时间顺序观察,多适用于动态观察。按空间顺序观察,多适用于静态观察。研究者要从研究对象的空间分布上,观察它的各个方面、它的整体;从研究对象的时间演化上,系统地观察它变化发展的各个阶段和发展的全过程;从研究对象的内部关系以及它与其他事物之间的相互联系上,观察它的整体特征和它在周围环境或更大系统中的表现。只有有序地、全面地、系统地观察研究对象,才能比较客观地反映对象本身。

#### (四) 注意观察的典型性

由于教育现象的复杂性,为了研究某一类事物的一般特征及其发生、发展的规律,有时人们不可能也不必要对该事物的整体逐一进行详细观察。这时,可从各种类型中选择能代表一般的典型进行观察,但需要避免以偏概全。

#### (五) 观察者的训练

观察资料是否正确和可靠,观察者是主要的决定因素之一。因此,教育观察法对观察人员提出了严格的要求,它不仅要求观察者具有一丝不苟的认真态度和优秀的个人品质,还要求观察者掌握观察的技术和技巧。

## 第三节 观察报告的撰写

观察法作为教育教学研究的一种科学方法,是观察者本着一定目的,有计划、系统地对某一现象进行观察,做出必要的记录,再根据各项统计指标进行定性和定量分析与评价的研究方法。对某一现象进行观察后,将结果写成的文字材料,也就是观察报告。观察报告是观察研究的成果表现形式。

## 一、观察报告基本要素

观察的不同类型会影响观察报告的形式,例如定量观察报告和定性观察报告在表述形式就有所区别。作为学术论文的教育教学观察报告,一般包括简介部分(如标题、署名、摘要与关键词)、研究背景、研究步骤、研究结果和讨论及参考文献等五个主要部分。如果需要,还可以把获得的重要数据以附录的形式列出。

### (一)研究背景

研究背景主要阐释"问题的提出",用以说明研究问题的背景。主要包括:研究目的、研究假设、研究缘由、重要性与意义、文献综述、本研究的研究问题以及整个研究中关键术语的界定。

研究目的通常表现为研究者阐明自己感兴趣并且认为很重要的某个领域的某个方面,从而为人类总体知识和实践作出一定贡献。在我国教育教学研究中,定量研究比重很小,教育教学定量观察的比重更小。而教育定量观察无论是对于某些基础学科建设还是对于指导教师的课堂教学实践都具有很重要的意义。

研究缘由就是阐明本项研究的重要性。在说明研究问题的重要性时,一般是写清楚研究结果带来的认识上的突破和实践指导作用。说明选取特定方法的缘由时,这部分内容往往暗含着现有研究方法的不足之处和现状,这需要通过相关研究的文献综述体现。特别是要通过综述寻找出已有研究中存在的不足之处,以作为自己研究的突破点。

研究问题是对研究目的的具体化,通常以疑问的形式表达。研究假设是关于本研究可能结果的一种预期。"在语言教学活动过程中,教师延长提问的等待时间是否会提高幼儿的言语表达能力?"这是一个研究问题。"在语言教学活动中,教师延长提问的等待时间会提高幼儿的言语表达能力。"这就是一个研究假设。研究假设是通过一定的关系词连接研究变量从而表现出的一种判断。

### (二)研究步骤

这部分也称为"研究程序"或"研究方法",用以阐明研究的整个过程。主要包括:本研究所使用的研究方法及具体的收集资料工具;本研究研究对象选取的方法和程序;本研究研究程序的细节;本研究的内部效度以及数据分析方法。

教育定量观察都需要借助一定的观察工具,如编码体系、记号体系和等级量表等。这些观察工具有的已经比较完善,可以借用。当然,如果没有适合自己研究目的的研究工具,也可以自己开发,但是在设计和使用的过程中要保证研究的内在效度。

一般来说,研究对象的选取过程就是抽样。定量研究,包括教育教学定量观察研究最好使用随机抽样方法。这种方法所得的结论能够在可估计的概率下推广到总体。但是,在实际研究中,限于外部条件制约,很难做到。介绍研究程序细节是为了使别的研究者能够重复研究,以证实或反驳本研究的结果。因此,研究细节应该包括本研究具体要研究什么,什么时候研究,在什么地点研究以及怎样研究。

### (三) 研究结果和讨论

在研究结果部分,研究者呈现自己研究中所收集到的实证资料。在讨论部分,研究者需要把研究结果放在更为宽广的范围中,阐述研究结果的意义。研究结果应该体现出客观性,至少应该追求客观性,不夹杂主观评论;讨论则包括作者自己的倾向和价值观。教育教学观察研究结果的呈现以图表等数量化形式为主,还可以在这些形式下使用文字进一步叙述。

## 二、观察报告的格式与要求

一个完整的观察报告必须包括以下几项内容:题目和作者、摘要、引言、方法、结果、讨论、结论和参考文献或附录。每一部分都有重要的作用,必不可少。

1. 题目和作者

题目是文章主要内容的浓缩,要言简意赅,题目一般最好不超过 20 个字,能从题目中说明所研究的具体问题。

2. 摘要

摘要是概括文章要点的短段。好的摘要应该包含以下信息:要研究的问题是什么;前人对该问题的争论;本观察的被试、方法、结果、结论以及研究发现的价值和启示。摘要中最后还要列出 3~5 个关键词。

3. 引言

在引言中一般要说明所要观察研究的问题的意义,指出该问题的背景材料。针对存在的问题,提出可能的解决方法,然后通过实验来证实。

4. 方法

方法部分主要说明整个观察的操作过程,它必须详细,以便其他研究者能够参照观察的条件,复核该观察结果。

5. 数据分析与处理

这部分主要说明观察者在观察中收集到的数据处理情况。但在大多数情况下,这一部分无需列出观察的原始数据。研究者必须先对原始数据进行统计加工,然后在这一部分以描述性统计和推断统计的形式将结果表示出来。不管是描述性统计还是推断统计，除了用数据加言语来表示外，还可以用图表来说明。研究者还可以对统计结果及图表进行简要说明。

6. 结果与讨论

观察者可以对结果部分的有关数据作出自己的解释，指出事先的观察假设是否可靠。如果结果不能充分说明问题或各部分有矛盾，研究者要进行分析，找出原因；如果结果与前人的研究结果不一致，研究者可以讨论，提出自己的见解和理由。

7. 结论

这部分说明本研究的观察结果证实了或否定了什么问题，一般用简洁的条文形式来表述。结论应以观察所得的结果为依据，确切地反应整个观察研究的收获。

8. 参考文献

参考文献写在观察报告的最后，要求观察者列出所有参考文章的题目、出处、作者、发表日期等。

### 三、观察报告撰写的注意事项

观察报告的撰写需要注意以下四个方面。第一，观察报告撰写是开展研究性学习活动的基础。许多科学研究都离不开观察，观察报告就是对这种科学研究的记录、分析和总结，是开展科学研究的依据和基础。通过观察并撰写观察报告，能够培养对科研的热爱，扩大眼界，锻炼科研能力，培养持之以恒的毅力，提高观察、分析及文字表达能力，也能开辟写作的选材范围，解决没有东西可写的问题。第二，观察报告是一种科学研究的报告，必须真实可靠。无论是观察到的现象、过程及数据，都必须准确无误、客观记录。第三，观察报告应有客观的态度。无论是记录事实，还是叙述结论，都要忠实于客观实际，不必注入自己的感情，更不得用自己主观的感情去代替或改变客观的现象，力求写出事实的本来面目。第四，观察报告的结论应从实际出发，有结论就写结论，得不出结论时，就不要随便作出结论。

### 案例展示

案例背景：《高中英语阅读课堂教师提问的调查研究》论文由延安大学王美琪撰写。该研究基于延安市第四中学不同层次的三个班级展开了课堂观察等研究，并对相关英语教师进行了访谈，主要采用观察法、调查法和访谈法。调查目前高中英语阅读课堂教学中，教师在提问的数量、类型、形式、对象、方式、策略、候答时间和反馈八个方面的现状，研究调查发现教师课堂提问中存在一些问题，主要表现在提问的类型多以限答型、提问的对象随意性较大、候答时间不足和反馈语言过于简单，针对存在问题并提出切实可行的建议。该研究依据皮亚杰的平衡化教学理论，对于教师的候答时间给予的建议是:根据问题的难易程度给学生思考的时间。依据苏格拉底对话理论,建议教师在提问的类型上,多设置开放式的需要学生思考的问题。阅读模式理论对于课堂观察的记录具有重要的指导作用。本研究中课堂观察的研究设计与实施的主要情况如下:

1. 课堂观察量表

研究者通过查阅阅读课堂提问的相关研究,并综合研究的需要,在适当参考谭雪梅的小学英语阅读课堂提问的观察量表及其他观察量表的基础上,制订了此研究中的观察量表,见表7.3。

表 7.3 教师阅读课堂提问的观察量表

| 项目 | 类别 | | 数量 | 备注 |
| --- | --- | --- | --- | --- |
| 问题类型 | 限答型 | | | |
| | 非限答 | | | |
| 提问形式 | Yes/No 形式 | | | |
| | Wh-/How 形式 | | | |
| | 解释型问题 | | | |
| | 引出性问题 | | | |
| 提问方式 | 集体回答 | | | |
| | 自愿回答 | | | |
| | 指定回答 | | | |
| | 自问自答 | | | |
| 候答时间 | t<3s | | | |
| | 3s≤t≤5s | | | |
| | t>5s | | | |
| 提问反馈 | 积极反馈 | 一般性表扬 | | |
| | | 带评论表扬 | | |
| | | 复述加表扬 | | |
| | | 询问他人 | | |
| | | 扩展 | | |

续表

| 项目 | 类别 | | 数量 | 备注 |
|---|---|---|---|---|
| 提问反馈 | 消极反馈 | 明确纠错 | | |
| | | 重述 | | |
| | | 请求澄清 | | |
| | | 无语言反馈 | | |
| | | 诱导 | | |
| 提问对象 | 性别 | 男 | | |
| | | 女 | | |
| | 座位 | 前排 | | |
| | | 后排 | | |
| | | 左边 | | |
| | | 右边 | | |
| | | 中间 | | |
| 提问策略 | | 提示策略 | | |
| | | 分解策略 | | |
| | | 重复策略 | | |
| | | 改述策略 | | |
| | | 追问策略 | | |

2. 研究对象

该研究以延安市第四中学的高一年级的3个班级144名学生和3名英语教师作为研究对象,其中3个班级分别为卓越班、火箭班和实验班(C1、C2、C3班),3个班级的人数一致,每个班级都是48名学生,C1班的学生相对来说成绩基础较好,C2班的学生成绩处于中等水平,而C3班的学生相对来说基础较弱,其中C1、C2和C3班的男女比例均衡,学生的座位区域划分每个班级都是八列六排,中间三列,左边两列,右边三列,笔者将左边两列定为左排,右边三列定为右排,中间三列为中间,前两排为前排,后两排为后排。研究观察采访的3名教师均具有一定的教学经验。

3. 开展课堂观察

2019年9月16日提前预约了T1教师的第三节C1班的阅读课,并且未告知教师和学生研究者具体的观察内容,为的是保证观察的真实性,根据观察量表,对教师在一节课40分钟的课堂上讲解 *My New Teachers* 这篇阅读文章时所表现出来的提问现状做了记录,同样,在2019年9月17日预约了T2教师的第四节课进行了课堂观察并做了记录,在2019年9月18日预约了T3教师的第三节课进行了观察研究。具体观察了 T1、T2 和 T3 在讲解 *My New Teachers* 这篇阅读文章时 3 名教师在提问的数量、类型、对象、形式、方式、策略、候答时间和反馈这八个方面的情况,并对这八方面相对应的提问数量做统计记录。

4. 课堂观察的结果与讨论

研究者王美琪从课堂观察等研究中发现高中英语阅读课堂的提问在提问数量、提问类型、提问的对象、提问形式、提问方式、提问策略、候答时间表现如下:

从教师提问的数量来说,教师在阅读的三个阶段中都对学生进行了提问,读中提问的数量最多,而且不同的教师提问的数量都在 20 个以上,说明目前教师能够积极地引导学生理解文本内容。

在教师提问的类型上,教师在阅读教学中设置的真正让学生进行交流的问题相对比较少,教师大部分是利用课本上的限答型问题,而对于学生来说,希望教师提问更多的需要学生讨论的问题,因此教师提问的现状与学生的意愿相矛盾。

在提问形式上,根据教师访谈发现,T1 和 T2 班提问较多的是 Wh-/How 形式的问题,因为这种类型的问题能够激发学生的思考,而 T3 提问比较多的是 yes or no 的问题,因为学生基础弱。

在提问对象的座位分布上存在明显差异,教师提问的前排、后排和中间的学生比较多,而对于左右两侧的学生提问的比较少,说明提问受到座位区域的影响,除此之外,3 名教师都表示提问时会倾向提问成绩好、语言能力强的同学。

对于教师提问的方式,教师采用最多的是集体回答,而且学生在阅读课堂上积极主动回答问题的意愿不高,其中 C3 班更倾向集体回答,除此之外,学生也更倾向让全班所有学生一起回答问题。

就课堂提问的策略来说,教师们注重采用多种方式的提问策略,而且在多种提问方式中,提示策略是使用最多的,从单个班级来看,T3 所用的提示策略和重复策略比 T1 和 T2 的多。

在教师的课堂提问的候答时间上,研究发现教师的等候时间小于 3 秒的提问居多,大于 5 秒的等候时间相对较少。

在教师提问的反馈上,教师积极反馈的次数多于消极反馈的次数,教师最多使用的是一般性表扬,较少使用拓展反馈方式,而且反馈语多为一些简短词汇和短语,反馈语言过于简单。此外,通过观察发现 T1 和 T2 多为复述和带评论的表扬,而 T3 倾向一般性表扬和询问他人的反馈方式。在消极反馈中没有无语言的反馈,说明教师对于学生的回答都会给予一定的反馈。就学生而言,学生希望教师对自己正确答案给予肯定和赞扬的同时,并对答案内容给予一定的评价,学生对于教师反馈的期望与教师反馈的现状还存在一些不一致的情况。

(资料来源:王美琪.高中英语阅读课堂教师提问的调查研究[D].延安:延安大学,2020.)

# 第八章 叙事探究法

作为在科学与人文这两极之间的一条中间道路,叙事研究已逐渐成为教育教学研究中的一个核心学术话语方式。尤其是90年代以来,越来越多的学者把叙事探究法应用在对课堂教学、学校生活及教师发展等方面的研究,意识到叙事研究对教育变革、对教师成长所具有的突出意义。叙事探究法把"教育问题的学术研究回归到鲜活的现实中,使理论研究回归思想的故里,使教育研究融入实践的滋养"。

## 第一节 叙事探究法概述

叙事是人们将各种经验组织成有现实意义的事件的基本方式,叙事既是一种推理模式,也是一种表达模式。人们可以通过叙事"理解"世界,也可以通过叙事"讲述"世界。叙事主义者相信,人类经验基本上是故事经验;人类不仅依赖故事而生,而且是故事的组织者。与量化等实证研究方法不同,叙事探究捕捉到个人和社会维度中以一般的事实和数据无法定量的东西。

### 一、叙事探究法的内涵

叙事就是告诉、表达、呈现或叙述故事,是人们将各种经验组织成有现实意义的事件的基本方法。叙事探究通过对教育教学经验的叙述促进人们对教育及其意义的理解,通过更多地关注教育教学经验和实践方式,来验证经验和实践本身。

#### (一)叙事探究法的缘起

叙事研究的兴起是在20世纪60~70年代,是西方教师职业研究的发展结果。它一方面受到社会科学研究中后现代主义或结构主义所提倡的向解释学、语言学、现象学研究转向的影响。另一方面,受到心理学和社会学对教师教学研究的影响,提倡探讨教师或教育者的情境认知。叙事是人类由来已久的传承经验与生存方式,其较早地运用于文学领域,是小说和戏剧创作的一种手段,可以在久远的文学艺术作品中追寻到源头。后来叙事被广泛地引入社会科学领域,成为探索人类经验现象的重要途径。

教育情境下的叙事研究的兴起,主要有三种观点:第一种观点认为叙事研究是对当前教育科学实证主义的批判与反思。长期以来,科学实证主义在自然科学领域取得巨大成功,并逐步在社会科学研究中成为强势话语。受此影响,教育研究也一度追求这种科学化、精确化。结果,越是科学实证的教育研究结果,与人类经验的联系就越少。第二种观点认为叙事研究是人文社会科学发展中学科渗透与方法借鉴的结果。认为教育叙事主要是借鉴于文学的写作方法,但是叙事研究又"不仅体现在个体层面上,在社会层面上更是作为人类的一种基本思维模式和组织知识的方式,或者作为一种基本结构性的人类经验,具有整体主义的品质"。这种源于文学的研究方法逐步在心理学、社会学、艺术学等领域得到广泛运用。第三种观点认为叙事研究是教师专业化发展的研究方法转变,对于教师专业发展而言,叙事研究来自对教师声音的关注,是教师反思性实践的主要途径,越来越多的学者希望叙事研究能够提供一条倾听教师声音并从教师内部来理解其文化的途径。

20世纪80年代后,叙事探究方法被引入中国,逐渐为我国学者所理解、接受并运用。我国有三部经典的自叙体合集,具有"教师经验故事性"特征,分别是李良佑、刘犁(1988)《英语教育往事谈—教授们的回忆》;束定芳、张逸岗(2005)《英语教育往事谈——英语名家与英语学习》;庄智象(2008)《英语教育名家谈(1978~2008)》。20世纪90年代,叙事探究被运用到教育研究领域,出现了"教育研究的叙事转向"。其理论基础有文学中的叙事学理论、现象学、阐释学、社会学和心理学等。

叙事探究是质性研究的主要方式之一。"叙事"是研究者对被访谈者"经验"的文字性描述,同时,也与研究者对讲述者经验的理解相关;"探究"则是研究者运用"经验"的方式,对于讲述者生活经验的深层询问、探究,以便了解人类社会的逻辑和规律。把"叙事"和"探究"结合到一起,是理解和呈现经验最好的方式。叙事探究不仅要把所探究的内容展示给读者,而且要把探究的过程本身告诉读者。因而"叙事探究"强调参与实际生活,在生活中去"经历经验",对讲述者经验的过去、现在及未来进行探求、询问。教育叙事有广义和狭义之分。

## (二) 叙事探究法的概念

叙事探究既是研究现象也是研究方法,同时又是思维方法。叙事主义者认为,人类经验基本上是故事经验;人类不仅依赖故事而生,而且是故事的组织者。研究人的最佳方式是抓住人类经验的故事性特征。写得好的故事接近经验,因为它们是人类经验的表述,同时它们也接近理论,因为它们给出的叙事对参与者和读者有教育意义。广义的教育叙事指分析有意义的教学事件、教师生活和教学实践经验并且发掘或揭示隐含于日常事件、生活和行为背后的意义、思想或理念,帮助教师改进教学实践,丰富教育科学理论。狭义的教育叙事则专指教师叙事研究,是教师

"叙说"自己在教育活动中的个人化教育经历和经验,并在反思的基础上转变自己的教学观念和行为。

"叙事"的英文是"narrative",由"narrate"变化而来,含义是讲故事,或类似讲故事之类的事件或行为,是"以故事的形式详细地叙说",即叙说时间按所发生的事情或事件的先后顺序,其表达方式是叙述、描写,而非理论概括。叙事是元代码,是一种人类的普遍本性,是将了解的东西转换成可讲述的东西。对于叙事不可能用因果关系来加以解释,而必须用多义性的诠释来加以理解。所谓叙事研究就是抓住人类经验的故事性特征进行研究并用故事的形式呈现研究结果的一种研究方式。它所关注的是在一定的场景和时间中所发生着的故事,以及主人公是如何思考、筹划、应对、感受、理解这些故事的。其呈现方式可以是描述的,可以是指令性的,也可以是评价性的;具有某些内在的规则,倾诉者与倾听者在过程中扮演各自的角色;具有时间节奏,来自过去,但影响到现在;关键的不是叙事者而是叙事本身。因其所具有独特"魅力",叙事研究在研究方法层面得到了进一步的推崇和运用,它体现出对人们生活故事的重视和对人类内心体验的关注。可以说,"叙事研究就是研究人类体验世界的方式"。

叙事研究是一种质性研究。陈向明(2000)指出质的研究是以研究者本人作为研究工具,在自然情境下采用多种资料收集方法对社会现象进行整体性探究,使用归纳法分析资料和形成理论,通过研究对象互动对其行为和意义建构获得解释性理解的一种活动。质的研究重点关注对具体、独特的社会现象的意义解读。质的研究一般包括四种:叙事探究、民族志、扎根理论、现象学、口述史等。与叙事探究相关的术语有:叙事、叙事学、叙事探究、叙事研究、教育叙事。叙事术语不尽相同,相关术语的定义未被严格区分,在理论或语汇使用层面没有得到明确界定,多数情况下被交替使用。

教育教学中的叙事研究,实质上是从质的研究出发,相对量的研究而言,它强调与教育教学经验的联系,希望直接呈现生活故事的内在情节,让叙事者自己说话。由研究者本人"叙述"自己的研究过程中所发生的一系列教育事件;包括所研究的问题是怎样提出来的;这个问题提出来后是如何想方设法去解决的;设计解决问题的方案后,在具体的解决问题的过程中又遇到了什么障碍;问题是否真的被解决。如果问题没有被解决或没有很好地被解决,后来又采取了什么新的策略,或者又遭遇了什么新的问题。教育叙事研究的基本诉求在于,它不只是关注教育的"理"与"逻辑",而且关注教育的"事"与"情节"。从某种程度上讲,叙事研究并不是提供某种现成的答案,而是提供一种刺激,以唤起读者的反思意识,提供一种参照、一种可能;是一个由故事中的角色、叙述者、读者共同建构意义世界的过程。

## 二、叙事探究法的特点

教育教学情境下的叙事探究是研究者以叙事、讲故事的方式表达对教育的理解和解释。教育教学中的叙事研究所关注的是具有情景性、时间性、偶然性的具体的、生活着的人,而不是与环境割裂的、无时间性的、抽象的、冰冷的人。总体来讲,叙事探究具有真实性、情节性、反思性、开放性、及时性与实践性的特点。

1. 真实性

叙事文本不是虚构的,而是纪实性的,是叙事者亲身的经验或研究者"现场"直接采集的材料,不是任凭想象胡编乱造出来的,它是教师或者研究者通过日记、传记、工作总结等方式记录下来的教育教学过程中真实的故事。其报告的内容是实际发生的教育事件,而不是教育者的主观想象。叙事研究本质是关注研究对象"局部的丰富性",不满足于虚幻的"整体空泛性"。教育研究中的叙事研究在尊重事实方面与一般科学研究的旨趣是相同的,尊崇"面向事情本身"的原则。

2. 情节性

教育叙事谈论的是特别的人和特别的冲突、问题或使生活变得复杂的任何东西,所以叙事研究不是记流水账,而是记述有情节、有意义的相对完整的故事。教育叙事关注教育现场,强调对故事细节进行整体性的、情境化的、动态的描述原汁原味地呈现教育现象。叙事研究非常重视叙事者的处境和地位,关注的是作为人的体验与感受及对个人的影响与意义;关注研究过程中大量的有意义的"细节"及"情节"。

3. 反思性

教育教学研究中的叙事研究关注教师、学生等个体生活体验的复杂性,在叙事研究中,尽可能展示研究对象的可能相互冲突的多面性和复杂交织的联系,而不是寻求简单的因果关系。所强调的不是形式、规律,而是事情本身对个体的生活意义。教育叙事是通过故事的叙述,揭示某种意义,使人从中获得一些感悟和启示。它是教师对个体活动后的反向思考,通过回顾历史、总结经验和质疑问题达到对问题的醒悟、理解和深化。

4. 开放性

叙事研究中叙事者与倾听者的角色是多元和动态的,既可以是单一的,也可以是多重的。两者正是在这些丰富的互动关系之中一起协商和建构一个构成性的、不断向前发展着的现实。叙事研究强调开放式的研究设计,由于没有固定的预设,研究者可以识别一些事先预料不到的现象和影响因素,使研究保持一种开放性。

5. 及时性

教师要采用"课后记""教学札记"等便捷方式及时记录,梳理自己在教育实践中的具有情境性、个体化的体验和感悟。

6. 实践性

叙事研究不仅仅是单纯的讲故事和写故事,而在于"重述和重写那些能够导致觉醒和变迁的教师和学生的故事,以引起教师实践的变革",从而实现由理论转化为实践的飞跃。

### 三、叙事探究法的类型

按照叙事的主体分类,叙事探究法可以分为:

1. 自传型叙事

当教师既是"叙述者"又是"记叙者",而且所叙述的内容涉及自己的教育实践及其某些教育问题的解决过程时,教师的"叙事研究"就是教师的"行动研究",实质是一种"叙事的行动研究"。叙事研究的基本理念就是"以叙事的方式反思并改变教师的日常活动",提倡教师"我手写我心,我心展我智","叙述"并"改进"自己的日常教育生活。研究者以自我为研究资源,既是研究对象又是研究工具,还是数据资料的主要来源。通过自我反思、探究自我与社会、个体、群体的互动,揭示自我的所思所想,目的是将自我经历与特定社会文化历史建立意义关联以促成社会理解,解决现实问题。

2. 合作型叙事

合作型教育叙事是研究者以教师参与者为观察和访谈的对象,或者以教师提供的想法或文本为解释对象展开的叙事研究。在合作型教育叙事中,作为个体的教师或研究参与者,向研究者叙说他们个人的、第一手的故事。而研究者描述研究参与者的个体生活,收集和叙说研究参与者的生活故事,撰写基于研究参与者个人生活经历的叙事故事。

另外,按照叙事的目的,叙事探究分为叙事的人类学研究、叙事的行动研究。按照叙事的内容,分为教学叙事、生活叙事、自传叙事。

### 四、叙事探究法的优缺点

叙事探究法有其自身的优点与局限性。

#### (一) 主要优点

(1) 打破了以往以客观性、普遍性等标准来定义研究的传统,为社会科学研究打开了新视角(实证到阐释)。

(2) 为教师提供专业发展和提高的途径,促使教师了解自己的专业实践知识。教师对自己经历过的教育教学实践予以再现和描述,经过思维加工,对所描述的教育教学实践知识赋予了反思意义的过滤性回顾与描述,发现自己的不足。

(3) 提高专业的观察力和反思能力,推进教育实践研究。教师撰写教育故事是重温经验、体验教育的过程。教师通过自身的教育教学实践所进行的研究,是为解决教学中的问题改进自己的实践而进行的研究。实践研究是教师通过对自己教学实践持续观察和反思,通过与他人的交流与协作,不断改进教育教学实践,提升自己的专业水准。

### (二)主要缺点

叙事探究属于质性研究的范畴,质性研究的不足也体现在叙事探究中。主要表现在信度问题以及主观性较强等方面。研究参与者的声音在叙事研究中可能会被削弱。在参与者看似主观的叙事和研究者看似主观的阐释中,叙事探究的参与者都获得了更具体、更深刻的体验,两者也在不断的叙事和生命体验中得到重构。

## 五、叙事探究法的启示

以叙事的方式回归教育时空中各种具体的人物、机构及事件,叙事本身所揭示的各种教育存在方式或行为关系,以及当事人在此行为关系中的处境与感受,便成了教育教学叙事探究的意义。叙事探究带来以下几方面的启示:

### (一)要采用叙事性思考模式

叙事探究,不是意味着用质性研究手段去收集资料,做访谈、现场调查就可以了。更重要的是要用"叙事性思考模式",即用一种有着内在意义联系的方式去思考人类的生活经验和叙事探究活动本身。如果研究者没有解决困扰自身的观念性问题,就会造成即使采用叙事探究的方法,研究还是明显的"推理模式",发挥不出叙事探究应有的价值和魅力。

### (二)要进行深度地叙事

深度叙事是详细描述情景、情感以及人际交往的社会关系网络,它必须将其所描述的东西活生生地呈现出来,从而带给读者丰富、多层、多义的理解,通过唤起读者对自身经验的思考和反思,凸显研究的意义和价值。

## 第二节 叙事探究法的设计与实施

叙事探究的整个研究过程包括叙事探究的设计、叙事探究的实施与报告撰写。而叙事探究的研究步骤涵盖明确研究问题、选择研究对象、走进研究现场、搜集相关资料、整理分析、撰写研究报告等。

## 一、叙事探究法的三要素

叙事探究就是一个研究者、参与者、被研究者共同构建研究的一个过程,主要围绕三个要素展开:

1. 现场

现场是研究者的考察对象,也是研究者体验经验的场所。因此,现场是一个具有时空、地点以及个人与社会互动的三维结构。研究者必须与参与者建立不同程度的亲近关系来理解、记录和思考现场,必须超越即时性来观察他们遇到的经历。

2. 现场经验文本

现场经验文本是由研究者和参与者创造的代表各个方面现场经验的文本,是原始资料或者现场资料,它们是产生于现场经验的复杂混合体,牵涉到研究者和参与者之间的合作关系,是经过选择的、演绎解释的经验记录;现场经验文本包括叙事故事、自传、研究日志、口述史、家庭故事、现场记录、谈话、研究者与参与者的信件、家族故事以及年鉴和编年史、照片、个人/机构的纪念品、文献分析等。

3. 研究文本

研究文本是采取一种叙事性整体性方式呈现的关于叙事探究的文本,通过叙事的整体性,为我们提供一个更详细、更丰富的思考个人生活连续性的整体概念。因而,研究文本不仅考虑到时间、地点、人物、事件,还要把人物和事件放到特定的情境中去考虑,在人际的互动和文化中去组织经验。从现场文本到研究文本的转换是叙事研究中比较困难的阶段,包括不断增加的解释性文字的组织,且要回答探究的意义及其重要性。现场文本转向研究文本,须通过研究主题和思路来促成,而且,将研究者的观点融进整个研究中是研究文本创作的核心。因此,在叙事探究中"研究者的在场"必须被承认、被理解并被写进最后的研究陈述中。当然,叙事研究文本可以有不同的风格,描述的、解释的、讨论的、叙述的都可以。同时,由于经验是对生活本身的展示,叙事文本就是由一个个经验故事组成的,就像一幅连环画,在有限的篇幅中简洁地描绘出事情的来龙去脉,构成一个故事,探究研究者与参与者之间所发生的故事,通过故事建立起经验的连续性。

## 二、叙事探究法的过程与步骤

教育教学情境下的叙事探究过程包括:

1. 确立研究问题

叙事研究的问题应是"有意义的问题",一般是研究者对该问题不了解,旨在通过此项研究获得解释,或者该问题对研究者来说具有实际意义,是研究者真正关心的问题。叙事探究法作为质性研究的一种,而质性研究的问题一般相对笼统。例如:我国高校英语教师专业身份发展过程是怎样的?

2. 选择研究对象

选择研究对象是研究得以进行的保证。需要研究者与被研究者的互动与合作。

首先,研究者要有一定的敏锐性,能够细致入微地把握研究环境和研究对象。其次,研究者的研究活动要得到被研究者的认同与合作,双方应有从研究中共同进步的要求。

选取的研究样本虽然数量少,但从个体生活故事中收集的资料却真实丰富。

总之,研究对象的选择额样本要精准、样本要有典型性,要能理解研究者的意图。

3. 进入研究现场

研究现场是叙事研究获取真实资料的直接来源。走进研究参与者活动的时空,把握研究参与者的行为、观念产生的深层原因;对其生活的现场观察,理解参与者做法的背景。

4. 搜集相关资料

通过(参与式)观察、访谈法、田野日记、书面文档、自传、传记、书信,以及研究者通过内省、反思和回忆生成的软数据。把观察、体验及所思所想记录下来,形成现场文本。再现现场中的经验,包含研究者自己的体验,带有叙事的性质。获取资料常用的方法如下:

(1)观察。自然状态下,在不同的空间和时间对研究对象的行为进行观察,并记录观察过程中研究对象的行为表现、语言表达、情绪反应等。

(2)访谈。访谈是一种研究者为了详细了解某一研究问题而有针对性地对研究对象进行发问的交流方式。

(3)实物收集。实物收集,就是将与研究相关的一些资料进行搜集整理,以便更为详尽地掌握研究对象的情况,这样也有助于更为科学地对所叙述的事件进行分析。

5. 整理与分析资料

叙事研究强调的是对事件本身的分析,是基于资料事实进行的符合材料实际的分析。研究者重要的任务是从所收集的大量资料中寻找出"本土概念",即被研究者经常使用的、用来表达他们自己看世界的方式的概念。研究中使用扎根理论进行编码,或者借助相关软件进行编码。扎根理论是一种自下而上的理论建构方法,在收集资料的基础上寻找能够反映现象的核心概念,通过建立概念之间联系来构建理论。扎根理论不在研究前进行假设,而是在经验证据的支持下,从经验事实中抽取新概念和思想。

叙事探究的数据分析包括：数据整理、编码（如扎根理论等）、寻找本土概念、信息解读、确定核心范畴。具体的步骤是：主题提炼——再阅读及再编码——编码——编码前对原始资料的"纯"阅读——数据分类、编码后存档——数据转写。

数据整理的步骤是：(1) 转写；(2) 寻找有意义的文字；(3) 归类；(4) 寻找节点事件；(5) 探究意义和概念。

研究中使用扎根理论进行编码。扎根理论的三级编码过程是：一级编码——开放式登录，概念化和范畴化；二级编码——关联式登录，发现和建立概念类属；三级编码——核心式登录，核心类属，主题化。

### 三、开展叙事探究应当注意的问题

叙事探究法应尽量客观，且让研究内涵更丰富，所以要重视研究的程序，其程序是：进入现场并建立研究者的角色、决定有效资料及有效地搜集方法、以有纪律的方式保持研究者的主观了解并建构客观的资料、分析资料、研究问题的界定。

开展叙事探究中应当注意的问题如下：(1) 避免出现预设问题，使研究问题在研究过程中慢慢呈现。(2) 选择合适的研究场地，原则上尽量选择自然情境的场地，且保持相对合适数量的研究对象。(3) 与现场人士建立信任关系，为了掌握问题的核心，要积极取得现场人士的信任，同时应避免只接触其中一小部分人，兼听则明、偏听则暗。(4) 资料搜集方法保证多元性并进行校正，叙事探究多透过观察、访谈及文本分析技术来建构原始资料，所以在态度上是开放的，要采用多元方法来搜集资料。

开展叙事探究值得探讨的问题有：教育教学叙事到底对教师的成长有促进作用吗？有哪些作用？如何才能更好地促进教师更理性地对待教育工作？如何有针对性地写好教育叙事？是否要找准一个方向然后重点写这方面的反思和进行教育叙事？如何处理好"叙"和"思"的关系？如何寻找一条通过教育叙事成就教师成长的路子？教育叙事更多的不是精彩，而是无奈的叙事，教师如何从中反思、感受到应该做的事情？

## 第三节　叙事探究报告的撰写

撰写研究报告一般要求研究者对研究现象进行"深描"，把读者带到现场，力求"原汁原味"地呈现。研究者在整理和表述研究的素材时受到事件的典型性、个人的理论水平、研究思路、表达方式、分析角度等多方面的制约，因此叙事研究有其表述多样性和灵活性特点，但是作为研究报告的表述形式有其遵循的共同规律。

从书写语言上讲，叙事探究报告的书写语言一般采用叙述经验性资料的语言，要求不受研究者的价值判断影响，用自然语言客观地、原汁原味地"报道"事实，以此使读者更容易地分辨"客观事实"与研究者的评价或推论。研究者的语言可分成描述型和分析型两种，避免作者直接进行价值评价。

从写作风格和体裁角度讲，风格是情境性的，如现实主义的故事、印象的故事、规范的故事等；体裁是纪实性的，叙事研究报告的撰写是在前面大量工作的基础上进行的总结性归纳，它既包含研究者对所观察到的"事"的故事性描述，也包含研究者对"事"的论述性分析。两者并行不悖，相映相成，构成了研究报告中细腻的情感氛围和浓郁的叙事风格。

从成文风格上讲，叙事探究报告成文的风格一般有五种：现实的故事、忏悔的故事、批判的故事、规范的故事、印象故事。（1）现实的故事。尽可能真实地再现当事人看问题的观点，尽可能用他们的语言来描述研究结果。（2）忏悔的故事。介绍研究者使用的方法和在研究过程中所做的反省思考，再现访谈情景和对话片段。（3）批判的故事。从社会文化的大背景对研究对象的情况进行更深入的探讨。（4）规范的故事。试图用研究结果去验证某一外在理论或反省研究者头脑中隐含的意识形态等。（5）印象故事。详细描写事件发生时的情景和当事人的反应及表情动态。教育教学研究中的叙事研究是以强调意义理解与建构、面向事情本身、关注复杂为旨意，试图如存在者本身所显现的那样展示存在者，把事实本身也当作具有时间性和历史特征的动态过程，把人直接体验到的自己的种种状态展现、揭示出来，并由此领悟和追问意义，以获得视界的扩展和自我的更新。

从叙事探究报告的结果处理上讲，一般有三种方式：类属方式、情境方式与结合型方式。（1）类属方式指将研究结果按照一定的主题进行归类，然后分门别类地加以报道。（2）情境方式指按事件发生的时间序列或事件之间的逻辑关系对研究结果进行描述。（3）结合型方式指将类属方式和情境方式结合使用。

从叙事探究报告的类型上看，包括两种：

1. 自传型叙事研究报告撰写

对研究自身故事的研究者（教师）而言，研究过程在故事叙说中自然地呈现出来。自传型叙事研究报告需要遵循"深描"的原则，即详细地介绍问题、事件发生、发展与解决的过程，并尽量展示有意义的细节和情境。叙事研究报告往往集中于叙事与议论。叙述者要注重研究的情境和过程，按照事件发生的时间序列或事件之间的逻辑关系对研究结果进行描述，把叙事研究中的现场文本按照个案的方式呈现出来，形成围绕一个人、一个事件、一个机构或多个人和事件拼接成的一个或几个完整故事。这种方式不需要研究者太多的理论分析。一个生动的、完整的故事本身就蕴含着深刻的道理和意义。

2. 合作型叙事研究报告撰写

合作型叙事研究撰写包括以下几个步骤：

步骤一:问题的提出,介绍研究的背景,包括研究关注的理论问题、选择对象的依据、进入现场的方式、收集资料的方法和过程等。

步骤二:故事的呈现,即叙述故事、分析故事。

步骤三:因素分析,即分析研究对象的个人经历、教学环境、个性特征、成长历程、教学实践等,并探寻其与教育教学行为之间的联系与影响。

步骤四:阐明结论,即故事的主题。

叙事探究报告是"研究文本"。叙事探究报告包含研究者对所收集到的"故事"的故事性描述,也包含研究者对"故事"的论述性分析,两者相辅相成、互为支撑。叙事探究报告受研究者的理论素养、研究能力、语言表达能力、文字驾驭功底的影响。

### 案例展示

案例背景:上海外国语大学博士生刘晶于 2019 年撰写的博士毕业论文《高校英语教师专业身份发展叙事探究》,是叙事探究法应用的非常好的案例。研究者对我国高校英语教师专业身份认同现状进行了调查。结果表明:我国高校英语教师身份认同的现状并不乐观,信息素养有待提高;存在诸多问题,如:高校英语教师的跨学科知识有待加强、高校英语教师面临教育改革带来的巨大压力;高校英语教师的工资待遇满意度较低;英语学科的地位在下降;高校英语教师职业倦怠感明显、对科研缺乏积极的态度等等。基于这种研究现状,该研究对 3 名不同类型的高校一线英语教师深入地开展叙事探究,通过倾听他们的心声,尝试回答以下三个研究问题:① 高校英语教师专业身份发展的过程是怎样的? ② 影响高校英语教师专业身份发展的因素有哪些? ③ 如何促进高校英语教师专业身份的发展?该论文中叙事研究的设计如下:

1. 研究对象

(1) 研究对象选择阶段一

研究者在导师的 6 名访问学者来 S 校之前(2017 年 7 月底)和他们取得了联系,并建立了微信群。遵照导师的建议,研究者对他们的学习需求进行了问卷调查,并设计相关的学习、研讨方案。研究者按照"目的性抽样"的原则,以方便抽样的方法确定这 6 名教师作为先导性研究中的研究对象。随着先导性研究的开展,她发现了一些影响高校英语教师身份认同的重要因素,这为她博士论文的撰写指明了一个方向。随着先导性研究告一段落,研究者进入正式研究阶段。

(2) 研究对象选择阶段二

研究者继续选择研究对象。研究者采取目的性抽样中的"典型个案抽样"策略,选择那些具有一定"代表性"的个案,目的是展示和说明,而不是证实和推论。最终,研究者确定了正式研究中的 3 名研究对象:张玲、李敏和宋兰。

2. 先导性研究

研究者在先导性研究中以"学研共同体"中6名访问学者为研究对象,通过访谈、观察、撰写反思日志的方法收集数据。同时,研究者对研究数据进行编码、分析、解读和反思。开展先导性研究帮助研究者明确了正式研究中的问题,细化了访谈提纲,改善了访谈技巧,为开展正式研究打下了扎实的基础。

(1) 先导性研究的设计

先导性研究中的质性研究主要是对6名访问学者进行多次深度访谈和观察以及分析他们撰写的反思日志。

(2) 先导性研究的实施

研究者和研究对象共同参与学研共同体的学习活动,也有较多的课外接触,这有利于研究者对研究对象进行全面深入地了解。在他们访学的第一个学期,研究者会不定期地对他们逐一进行访谈。访谈主要以聊天的形式。访谈地点有时约在图书馆一楼的研讨室,有时约在校园里的咖啡馆。经访谈对象允许,每次访谈的时间为1~1.5小时,访谈时用录音笔进行录音。然后研究者本人亲自转写数据。

同时,研究者会建议每名研究对象每个月撰写一篇反思日志发到研究者的电子邮箱里。反思的主题是访学期间的学习生活、教学与科研,甚至是关于人生的反思。

(3) 先导性研究的启示

先导性研究对研究者开展后续的正式研究产生了很多启示。修改了访谈问题;改善了访谈技巧;优化了研究主题。

3. 数据收集和数据分析

数据收集。在正式研究中,研究者收集数据的方式以半结构式访谈为主。微信交流、电话访谈、研究对象的反思日志、研究对象提供的相关图片、超链接等为辅助收集数据的方式。在访谈时,研究者一般会提前一周和研究对象预约好访谈时间和地点,优先考虑研究对象的时间安排,灵活调整访谈的时间。访谈时长一般为1~1.5小时。访谈地点一般选择比较安静的地方。在研究对象同意的前提下,研究者用录音笔进行录音。研究者会根据事先准备好的访谈提纲进行访谈,但是会鼓励研究对象按照他们自己的思路讲下去,有时候会有意想不到的收获。谈的主题涉及四个维度:(1) 研究对象的生活维度,如童年的经历、家庭问题等;(2) 研究对象的学习维度,如教育经历,包括英语学习者的经历和英语教师学习的经历(读研、读博、国内外访学)等;(3) 研究对象的教学维度,如课堂教学实践、学校改革、学校文化等;(4) 研究对象的科研维度,读研、读博、访学时的学术训练,教学中如何结合科研来改进教学等问题。

数据分析。整个数据的分析过程分为三个阶段:数据分析的初始阶段;数据的编码与分析阶段;数据分析的理论化阶段。

4. 研究发现

研究发现:3名高校英语教师在专业身份发展的过程中存在共同特征和不同

特征。其中,共同特征体现在:(1) 3名高校英语教师专业身份发展过程都符合教师成长阶段,即新任教师——学徒教师——专业教师——专家教师,尽管阶段略有不同,但大致轨迹一致。(2) 他们都经历了从教学实践者向教师研究者的身份转变,而教师学习对这种转变起到了关键推动作用。不同特征体现为:受各自学校文化环境、教授课程性质、专业成长经历的影响,他们的专业身份发展体现出独特性。(3) 3名高校英语教师专业身份的发展体现了三种发展类型:多重身份冲突型、身份危机型、身份重构型。

影响高校英语教师专业身份发展的因素分为两类:(1) 个人因素,体现为:教师反思、教师情感、教师能动性、教师学习、教师知识和教学实践等;(2) 社会文化因素,体现为:学校改革政策、学校文化、教师收入和家庭因素以及关键事件、导师影响等等。

受到学校改革政策的影响,研究对象的理想身份基本等同于他们的应当身份,这表明满足学校改革政策的期待变成了教师理想的职业生涯状态,这往往导致教师失去了身份协商的自由。

(资料来源:刘晶.高校英语教师专业身份发展叙事探究[D].上海:上海外国语大学,2019.)

# 第九章 元分析法

元分析是获取和评价大量文献的科学方法,在当今知识爆炸的时代,当需要系统总结、分析以往的工作,为科学决策提供依据时,元分析是合并现有信息的最好方法之一。它有助于研究者和实践工作者对文献进行分析与评价,从而在较少的时间、人力和物力的投入下获取更多的信息。元分析在心理学研究领域得到了广泛的应用,促进了学科研究的发展。随着其应用范围的扩大和自身的发展,学者们认识到元分析中应该既有定量分析,也有定性分析,因此不再将元分析简单看作一种统计分析,而是作为综合多个同类研究的结果,对研究效应进行定量合并的分析研究过程和系统方法。

## 第一节 元分析法概述

元分析作为一种可以对研究结果进行定量分析和概括的综合方法,改变了以往仅以单一研究结果作为依据的研究传统,使得具有较高价值的普遍性结果或结论能够从以往积累的众多研究中被提取出来,这对于实践的积累和理论的发展均具有重要的推动作用。元分析则在定性分析的基础上引入了定量分析方法,能够在定量层面上综合各项独立研究的成果,从而形成一个综合结论。越来越多的研究者已经开始从传统的文字综述方法转向使用元分析这种对研究进行定量综合的方法了。

### 一、元分析法的内涵

元分析是对某一领域内大量同类研究的结果进行定性与定量综合的评价与分析、整合研究成果和评价研究的方法。

#### (一)元分析法的概念

元分析的英文是"meta-analysis",由美国教育心理学家格拉斯(Glass)在1976年首次命名。"meta"是英文中的前缀,意为"更加全面或超常规的综合"。元分析指对已有的同类课题的研究进行综合评价、分析，整合独立研究的成果，以获得普遍性、概括性结论的方法，它是研究评价的重要方法之一。元分析是通过一定的统计技术与原则将针对某一既定主题的大量研究结果进行再分析，其目的在于整合各个研究结论，得出一个对该主题的综合认识。简要地说元分析是对研究结果的总体分析。

元分析就是应用特定的设计和统计学方法对以往的研究结果进行整体的和系统的定性与定量分析。它具有回顾性和观察性，是对传统综述的一种改进，是概括以往研究结果的一种方法，包括大量的方法和技术，具有全面、系统、定量的特点，可以用于不同的研究设计和不同时期收集到的资料的整合。它最初应用于随机对照试验，现在已扩大到非实验性研究。

夏凌翔认为，元分析就是运用特定的设计和统计学方法对以往的研究结果进行整体的和系统的定性与定量分析。刘润清提出，元分析也被称为荟萃分析、后设分析、整合分析、汇总分析、二次分析、集成分析、再分析、汇后分析等，是一种定量分析手段，它运用一些测量和统计分析技术，总结和评价已有的研究。

元分析虽然最早起源于国外的社会科学研究，但我国社会科学界对元分析的介绍和应用很少，和元分析在我国的医学等学科的快速应用相比，其在社会科学中的应用才刚刚起步，其应用前景是广阔的。为了预防医学界在对元分析方法应用中出现的种种问题，社会科学界应加大对有关元分析方法的介绍、讨论和应用。

### （二）元分析法的特点

朱永祥认为，元分析是一种建立在高级统计技术基础上的定量性资料分析法，严格遵守价值无涉原则；元分析着重分析的是处理的效应值，而不仅仅是统计学上的显著性；元分析的对象是各类实证性的定量研究报告，对思辨式论文、简单的经验总结不予关注；元分析是一种全面性评价。元分析具有创新性、精确性、全面性、系统性特点，表现在如下方面：

（1）元分析是一种全面的评价，是整合研究成果的有效方法。

（2）元分析是定性与定量结合的分析方法。元分析不是对原始数据的统计，而是对统计结果的再统计；元分析应该包含不同质量的研究；元分析寻求一个综合的结论。在定性分析的基础上引入了定量分析方法，它不受研究数量、研究方法、样本容量等因素的限制，可以用于处理分析大量的研究资料。元分析获得的结论有助于修正描述性定性分析的错误。

（3）元分析寻求普遍性的结论。元分析通过对大量相似课题的研究结果的综合分析，对从研究选题到结果分析的研究过程涉及的各种问题和结果进行全面评价，概括出研究结果所反映的共同效应，即普遍性结论。

### （三）元分析法的核心概念

效应量是元分析的核心概念。元分析是对已有同类研究结论进行综合评价、分析、整合，以获得普遍性、概括性结论的方法。元分析的提出离不开对有关成功复制的传统观点的重新审视，正是基于对成功的实验复制的新见解，研究者们提出了元分析的主要指标——效应量。

（1）效应量或效应值的概念。效应量是指发生在总体中或在总体中被发现的某一结果的重要程度，指自变量对因变量产生的影响程度。

（2）效应量的作用。用来估计统计检验力。对于理解研究结果非常重要，如可以区分统计显著性和实际显著性。秦晓晴认为元分析非常有用，如便于对以前的研究结果进行统计或比较等。

（3）效应量的类型。① d 族效应量：进行差异检验分析时使用的效应量，用来衡量差异的大小。根据变量的测量类型，又可分为范畴变量和连续变量的效应量两大类。② r 族效应量：用于进行联系检验分析时使用的效应量，衡量变量间联系的密切程度或者两个或多个变量之间的共变程度，也可用于组间差异分析。

（4）效应量的计算。一般采用 SPSS、Stata 等统计软件及在线和离线效应量计算器等。

（5）效应量的解读。在解释效应量时，首先将其置于一定的环境中考虑；其次结合自己的研究发现对本领域的贡献，将自己研究中发现的效应量与前人获得的效应量比较，判断其大小。

## 二、元分析法的优缺点

元分析作为一种研究方法，其优点与缺点主要表现在以下方面：

### （一）主要优点

（1）解决研究结果的矛盾，定量估计研究效应的平均水平，为进一步的研究和作出决策提供全面的文献总结。应用元分析可以得到同类研究的平均效应水平，使有争议甚至相互矛盾的研究结果得出一个定量的结论，同时使效应估计的有效范围更精确。

（2）提高统计分析的功效。有时候由于样本量较小等原因，使研究结果不能得出统计学上的显著差异，并不一定就是处理无效应。应用元分析把许多同类研究结果进行合并分析，因此增加了样本量，起到改进和提高统计学检验功效的目的，可以使一些相对较弱的效应也显现出来，同时也提高了对结论的论证强度和效应的分析评估力度。

（3）揭示和分析多个同类研究的分歧。由于研究水平、条件、抽样等原因可能使同类研究的质量有较大差异，多个研究结果也可能存在较大分歧，这时元分析可以揭示出单个研究中的不确定性，并通过异质性（齐性）检验等方法考察研究间异质性的原因，揭示文献异质性的来源，估计可能存在的各种偏倚。

(4) 为确定新的研究问题和对新实验的设计提供帮助。通过元分析能发现以往研究的不足之处,回答单个研究中尚未提及或不能回答的问题,揭示单个研究中存在的不确定性,并据此提出新的研究假说、课题和方向。

(5) 具有处理大量文献的能力,不受研究数目的限制,节省研究费用。由于研究对象数量的限制、各种干扰因素的影响以及研究本身的偶然性等原因,许多研究结果可能不一致甚至相反,要解决这个问题除了使用元分析外,还可以通过严格设计大规模随机试验来进行验证。但这种办法费时、费力,使用元分析则可以节约费用。

概括起来,其优点表现为:设计较严密;强调对有关研究进行全面的文献检索;有明确的文献纳入和排除的标准,系统地考虑了研究的对象、方法、测量指标等对分析结果的影响,对纳入文献进行了严格评价;能最大限度地减少各种偏倚,确保结论的科学性、客观性和真实性;对大量结论的一个综合性回顾,比叙述性评论更为客观、准确。

### (二) 主要缺点

虽然与传统的文献综述相比,元分析具有许多优点,但也存在着不足。在学习和应用元分析之前必须对其自身的局限有充分的认识。

(1) 各种偏倚及其控制。在元分析的各个步骤中均有可能产生偏倚,而偏倚的存在会对元分析的结果产生较大影响。常见的偏倚可以划分为汇集偏倚、选择偏倚和研究内偏倚三类。

选择偏倚是指根据文献纳入标准选择符合要求的文献时产生的偏倚,包括纳入标准偏倚和选择者偏倚等,其主要是由于元分析者有时会根据自己想要得到的结果和已有的知识,有目的地选择或放弃某些文献造成的。研究内偏倚是在资料提取时产生的偏倚,主要包括从纳入的研究中提取的数据信息不准确所致的提取者偏倚,以及对研究质量的评价不恰当产生的研究质量评分偏倚等。最后,也是最难控制的是汇集偏倚问题。由于各种原因,元分析研究时,不可能收集到同一研究问题的全部资料,这就是汇集偏倚。元分析研究多采用已发表的研究论文中的数据作为其分析的原始数据,然而已发表的论文不能代替所有的研究,收录的第一手研究的质量难以评价,即元分析在其数据取样上缺乏普遍性。

出现汇集偏倚有多种原因:① 研究者检索用词不当或检索策略失误导致漏检或误检文献的查找偏倚;② 检索文献时限定为某种语言文献引起的语种偏倚;③ 一项研究结果以系列研究形式发表导致的多重发表偏倚;④ 发表偏倚。发表偏倚是指具有统计学显著意义的研究结果(阳性结果)较无显著性意义的结果(阴性结果)或无效的结果被报告和发表的可能性更大的倾向。出现发表偏倚的原因很多,如杂志编辑部对阴性结果的采用率明显低于阳性结果、编辑的喜好及作者声望、文件抽屉问题等。文件抽屉是指作者及其资助单位都不愿提供无显著性意义的结果(阴性结果)或无效的结果的一种倾向。当某研究明显预示不能出现阳性结果时,往往会被研究者终止,或者得出阴性结果后,研究者认为不大可能被发表而不撰写论文。这些研究结果就这样被研究者丢在抽屉里不再理会了。由于几乎所有作者、资助单位及杂志编辑部都更愿意报道统计检验显著的结果,因此发表偏倚以及抽屉文件现象究竟有多严重是难以估计的。如果这两种偏倚存在任何一种,那么仅就发表的文章所做的元分析的结果就有可能夸大效应的作用。

要减少汇集偏倚对元分析结果的影响,首先要全面收集发表和未发表的研究,但难度较大。其次,要识别和控制发表偏倚和文件抽屉问题,还可应用有关统计方法评估各种偏倚对研究结果的影响,如绘制漏斗图、秩和相关检验、线性回归法、失效安全系数、敏感性分析等等。总的来说,元分析目前还不能很好解决潜在的各种偏倚问题,这是元分析的局限,也是进行元分析必须注意的问题。

(2) 方法和性质的异质性问题及其控制。对元分析最尖锐的批评之一就是认为其不应该将研究对象、结果测量指标、实验设计以及测量方式等不同的各项研究所得的结果结合在一起,因为这就好比将橘子与苹果拿来比较,是很难得出正确结论的。目前主要是通过进行异质性检验来缓解这个问题。关于异质性的处理问题,即资料间存在异质性时,是否进行或怎样进行元分析,还是个没有完全解决的问题。有学者反对将不同研究背景的研究结果进行合并。而目前常用的方法还是通过进一步核实资料的可靠性与处理方式,找出异质性的来源,并不轻易剔除异质性文献。有学者推荐用质量评估法评价每个异质成分,如没有研究质量方面的严重缺陷,则可以按相同变量进行分层合并分析,或是利用随机效应模型进行合并分析。还有学者提出不应武断地用某种权重公式来强求结果的合并,应首先尽量使各个研究达到一致,使研究的某些特点不会成为元分析结果混杂的来源。元分析所纳入的各项独立研究具有不同的自变量、因变量或不同类型的样本单元,虽然有些元分析研究已将这些不同之处作为缓和变量进行处理,但是各项独立研究间的异质性必定会使其在某种程度上缺乏可比性。目前常用方法是按不同研究结果进行分层分析,如研究设计、数据来源及被试来源等。

(3) 关于各独立研究的质量评价问题。进行元分析时,各个研究的质量常常是参差不齐的,如果把高质量和低质量的研究合并在一起,并给予相同的权值,就会带来结果的偏倚甚至是错误,因为低质量的研究在结果估计时就可能已经存在错误和无法纠正的偏倚了,因此包含低质量的研究会增加结果变量的变异度和偏倚,增大犯第一或第二类错误的概率。因此,有很多学者都推荐使用各种质量评估办法,并建议将质量评分作为权值以调整结果。但质量评分又增加了主观标准,不同的评价者可能会得出不同的结果,同时可能严重地混淆异质性来源。由于争论的存在,究竟该如何解决这个问题,目前还没有定论。

(4) 元分析本身的质量控制问题。质量控制是元分析法面临的挑战性问题。没有公认的和科学的评价标准,导致元分析误用和滥用。虽然有学者提出了一些元分析的质量评价标准,但应该说目前对元分析本身的质量还缺乏一个公认的和科学的评价标准,这在一定程度上也导致了元分析方法的误用和滥用。就目前来说,要保证元分析的质量必须注意以下几个问题:

① 要有合理的研究设计和文献检索策略,保证文献的查全率和查准率,进行严格的文献筛选和质量评价;

② 选择恰当的统计学方法进行分析;

③ 注意控制各种偏倚;

④ 进行异质性检验,以保证合并分析的可比性和分析结果的可靠性;

⑤ 对结果进行敏感性分析,并予以合理的解释和应用。

(5) 收集到的资料中缺少元分析所需的数据。

有许多收集到的文献常由于以下原因而不能被利用:

① 只收集到摘要;

② 文献对最初的研究结果进行的是有选择的报道;

③ 文献对原始数据描述不完整,这就使进入元分析的文献大大减少,从而降低了元分析的综合能力。

实际上,上述的许多问题是综述这种方法的通病,只是传统的文献综述忽略了这些问题,而元分析则把它们暴露无遗。应该看到,尽管存在这些问题,元分析还是受到很多研究者的青睐,并在逐步克服这些问题的过程中不断被完善,因为元分析本身就是在解决这些问题的过程中提出新问题。总之,元分析可以定性和定量地综合分析多个研究结果,得出更为科学、合理和可信的结论。由于元分析属于描述性二次分析,也存在各种偏倚等缺点。因此,我们在科学研究和实践工作中应该正确认识和合理应用元分析法。

## 三、传统文献综述与元分析文献综述的比较

科学研究都必须建立在前人研究的基础之上,而实践工作者也非常关心一些基本问题的研究结论。总结前人的研究是一项很重要的工作,这就是所谓的文献综述。元分析中的文献综述与传统文献综述相比较,结果如下:

### (一)传统的文献综述

传统的文献综述有其优点,但是也容易出现一些问题,体现在以下四个方面:

(1) 文献选择上,选择标准主观随意,文献覆盖不全,综述者究竟使用了哪些文献常常不得而知。选择过程不透明,没有严格的步骤;无法处理"信息爆炸"局面;对检索文献的范围和方式、文献收录标准等不进行详细说明。因为综述者一般不会详细交代文献检索的范围和方式,比如是否同时进行计算机检索和手工检索,计算机检索中使用了哪些数据库,哪些关键词,是否检索了硕士论文和博士论文,

检索了哪些语种的外文文献等。综述者一般也不会交代进行综述时排除了哪些检索到的文献及排除的依据。也就是说，传统文献综述未使用任何系统方法来对所综述内容的原始数据进行收集、综合，也未进行定量综合，因此常常只是罗列以往的研究结果，同时研究结论不可避免带有主观性。

(2) 文献统计上，未使用任何系统方法来对所综述内容的原始数据进行收集、综合，不进行定量综合。常常只是罗列以往的研究结果，述而不评。多以定性分析或描述为主，难以给出扎实的定量结论。以定性分析或描述为主，难以给出一个定量的结论。同时，当所研究的实验数量不断增加时，得出错误结论的机率也随之增加。

(3) 研究结论上，结论不可避免带有主观随意性，第一手研究时，不太可能全部深入阅读并得出客观的结论；只能对现有研究进行笼统的总结和评论，无法对大量定量研究进行准确的整合分析。很少考虑或阐述文献质量、样本大小等因素对研究结论带来的影响。使用同样的文献，不同的综述者可以得出不同的结论。

(4) 在结论的依据上，综述者常常没有或难以说明其依据什么最后得出一个结论，特别是对于那些有争议的问题，是如何看待和进行不同判断，甚至是如何获得完全相反的研究结果的，忽视了变量之间的因果关系和影响强度等。综述者很可能基于自己的见解，采取简单化的方式处理一些研究结果，从而得出与自己观点类似的结论。

### (二) 元分析中的文献综述

元分析作为一种定量的综合分析文献的方法与传统的文献综述有很大不同，它可以在很大程度上克服传统的文献综述中的这些问题。因为元分析是较高一级逻辑形式上的文献综述，以原始研究结果为单位，设计较严密，强调对有关研究进行全面的文献检索，有明确的文献纳入和排除的标准，系统地考虑了研究的对象、方法、测量指标等对分析结果的影响，对纳入文献进行了严格评价，并在此基础上对结果进行定量的合并。所以，与传统的文献综述相比，元分析能最大限度地减少各种偏倚，确保结论的科学性、客观性和真实性。

## 第二节 元分析法的设计与实施

元分析法的设计与实施可以包括五个步骤：

### (一) 界定研究范围

问题的范围取决于研究意义、可行性、基础理论是否支持等多种因素。范围太窄,得出结论的推广性差,范围太宽则针对性差,且耗时耗力,难以完成。

### (二) 文献检索

进行元分析,首先要对与所研究的课题相同或相似的有关研究资料进行收集,即文献检索。所检索文献的全面性,直接关系到元分析结果的可靠性和准确性。系统、全面地收集有关文献是元分析不同于传统文献综述的重要特征,因此进行元分析时应尽可能充分利用信息来源,尽可能多地收集与主题有关的研究资料,包括发表和未发表的文献。

### (三) 文献资料分类整理

通过文献检索收集到了全面的研究资料后,要按照事先规定好的标准和方法进行文献筛选,对其进行分类。资料的分类实际上是一个定性分析的过程,是测算研究结果的基础。研究的分类是按照研究的特点、根据不同标准进行的,如被试的特征、研究方法和研究设计的类型、研究的信度和效度等。

研究资料的分类结果一般以编码表的形式呈现,编码有两种方式,即以与研究方法有关的维度进行的"方法编码"和以与研究的内容有关的维度进行的"内容编码"。编码清单既是材料收集的指南,又是材料分析的依据,其范畴要足够宽泛,以便容纳各种概念和方法的研究;其范畴又要足够清楚,以便对不同类型的文章单独分析。编码清单一般有四种变量:识别背景特征的变量;识别样本特征的变量;识别研究特征的变量;识别统计特征的变量。

### (四) 分析数据及确定模式

对研究资料进行了分类和编码后,就要选择适当的方法进行数据分析,对研究的结果进行测算。分析和测算主要是观察一组文章的效应量及其变异,要保证分析对象是该组数据的最优组合,并计算出其总平均值和方差。元分析的平均值和方差都需要给效应量加权。选择确定模式,即如何估算元分析的均值和方差。刘润清指出,估算元分析的均值和方差主要有三种模式:固定效应模式、随机效应模式、质量效应模式。主要需要测算的两个指标是统计显著性和效应量(即实验处理的效果大小)。效应量的基本计算公式为:

$$效应量 = \frac{实验组因变量的平均值 - 对照组因变量平均值}{对照组的标准差}$$

如果一个研究有多个因变量,还需计算出该研究的平均效应量。计算出每一研究的效应量后,还需对效应量进行合成。由于各研究运用的统计方法和统计指标的不同,统计显著性和效应量的计算方法有多种。

元分析应用软件常见的有两种:(1) Comprehensive Meta-Analysis(CMA) 2.0。该软件的优点有:操作界面友好,使用者可以按照其格式要求提示录入原始数据,操作简单。同时能够实现如下功能:计算每项研究的效应值与方差、执行元分析、执行敏感性分析、创建森林图、复杂数据结构分析与元回归、出版者偏好检验等,比较适合初学者。(2) Stata。其优点是功能强大而又小巧玲珑,与 RevMan 5.0 相比,Stata 可更个性化、更高效专业地完成元分析;在学术研究中有普遍影响力,其分析结果更易为高影响力杂志所认同。缺点表现在 Stata 作为一种指令驱动程序,元分析的实现需要编辑 Stata 程序指令;Stata 元分析包所接受的数据录入格式相对 CMA 2.0 而言较为有限。

### (五) 结果解读

对结果进行解读,综合评价,作出结论。对各研究的统计显著性水平和效应量进行合成后,就要对这些研究结果进行评价,并作出总的结论。一般地,合成后的统计显著性水平为 $p<0.05$,但效应量的大小则没有统一的标准。习惯上,以平均效应量 $p\leqslant 0.4$ 为实验处理效应较小;$0.5\leqslant p\leqslant 0.7$ 为效应中等;$\geqslant 0.8$ 为效应较大。

### 案例展示

**案例背景**:惠瑜在论文《国内外英语教材研究二十年》中指出国外以英语教材为对象的研究,源于20世纪60年代对专门用途英语(ESP)教材的关注。我国的英语教材研究起步较晚,但国内外英语教学环境不同,故不可照搬国外已有的理论和框架。通过对中外已有研究的比较,可发现一些对我国教材研究有益的启示。目前针对英语教材的综述性研究,主要涉及评估、使用者、研究方法、特定内容四个方面。借鉴元分析法,对国内外期刊1999~2018年发表与英语教材相关的397篇论文进行了对比研究。

一、元分析法的研究设计

1. 文献来源

文献搜集的时间跨度为1999年1月至2018年10月。文献的选择从代表性出发,而非穷尽性搜索。国际期刊的选择,锁定科睿唯安2018年语言学类期刊列表中的185种SSCI期刊,通过篇名关键词:textbook、textbooks、material、materials、coursebook、coursebooks进行逐一查找。国内期刊在中国知网高级搜索中选择篇名和主题关键词:英语合并教材、英语合并课本、英语合并教科书、英语合并书;来源类别:CSSCI(不含扩展版)、核心期刊(语言类)进行查找。剔除书评、会议、广告等无关文献后,得到国外期刊文章89篇,国内308篇。1999~2008年,国内外的发文量都较少,年均分别为10.8篇和3.4篇。2010~2018年,国内外的年均发文量分别达到20篇和5.5篇。国内外发文量均呈现出明显增加的趋势,且国内增幅更为显著。近6年国内产文量有所回落。此外,国内产文量在2012年达到峰值,为33篇,国外在2014年达到峰值,为10篇。

2. 编码方案

研究者通过对全部中外文献进行逐一且多次通读后,借鉴已有研究制订表9.1(包含8个类和86个项目的编码方案),以此为标准对397篇文章进行编码和分析。其中,除"文章编码"类项目外,其余类别的项目都使用1和0的二分法进行编码(1=是,0=否)。

表9.1 编码方案

| 类别 | 项目 |
| --- | --- |
| 文章编码 | 序号;期刊名;发表日期;文章名;作者名 |
| 研究对象 | 课本;电子教材;其他教材;教师;学生;学习者母语、作者机构(仅国外期刊) |
| 研究视角 | 教材分析;教材介绍;理论介绍;教材评估;教材编写;教材使用;教材出版;教材历史 |
| 研究内容 | 总体;内容语言融合;指令语;语用;真实性;话题;隐喻;任务;性别;文化;通用语;插图;难度;教材与考试;习得理论;词汇;阅读;语法;听力;口语;写作;翻译 |
| 教材类别 | 通用英语;英语专业;混合;专门用途英语(L,SP);农业英语;艺术英语;煤炭英语;体育英语;计算机英语;医学英语;商务英语;环保英语;警务英语;旅游英语;法律英语;科技英语;学术用途英语(EPA) |
| 教材级别 | 幼小英语;中学英语;大学英语;初级英语;中级英语;高级英语;成人英语;其他 |
| 语料搜索 | 教材;语料库;真实语料;刺激回忆;观察法;日志;有声思维法;访谈;问卷;测试 |
| 研究方法 | 实证;非实证;定量;定性;描述分析;卡方检验;t检验;方差分析;非参数检验 |

量化分析结果显示,国内外研究存在共性的同时呈现出五大差异。研究对象:国内集中于对教材本身的探讨,国外更关注教材的使用者;研究视角:国内研究侧重教材编写,国外更重视教材分析;研究内容:国内研究大多从宏观层面展开,国外更关注微观方面;教材类别:国内偏重对大学阶段英语教材的研究,国外对大中小各学段英语教材的关注较为均衡;研究方法:国外研究的语料收集途径和分析方法更加多样。从定性分析的视角出发,以部分研究成果为案例,进一步讨论了国内外研究在上述五方面的具体差异,并在文末提出对未来研究的启示。

(资料来源:惠瑜.国内外英语教材研究二十年[J].教学研究,2020(4):38-49.)

# 第十章 内容分析法

内容分析法原是社会学家借用自然科学定量分析的科学方法,对历史文献内容进行客观而有系统的量化分析发展起来的。内容分析的原始材料可以是文献,也可以是其他媒介信息。内容分析的目的是厘清文献中客观存在的事实,揭示文献所隐含的信息,对事物的发展趋势作出预测。

## 第一节 内容分析法概述

内容分析法是一种对文献内容作客观的、系统的定量分析的方法,其目的是厘清文献中本质性的事实和趋势,揭示文献所含有的隐性情报内容,对事物发展作情报预测。在教育教学研究中,这种方法常被研究者用来分析教育文献,并逐渐成为教育研究的一种研究手段和方法。

### 一、内容分析法的内涵

内容分析法是一种主要以各种文献为研究对象的研究方法。早期的内容分析法源于社会科学借用自然科学研究的方法,进行历史文献内容的量化分析。在教育科学研究中,内容分析既是一种主要的文献资料分析方法,又是一种独立完成的科学研究方法。

#### (一) 内容分析法的缘起

内容分析法最早产生于传播学领域,是对传播过程和内容进行客观、系统和定量描述的研究方法。第二次世界大战期间美国学者哈罗德·拉斯维尔(Harold·Lasswell)等人组织了一项名为"战时通讯研究"的工作,以德国公开出版的报纸为分析对象,获取了许多军政机密情报,这项工作不仅使内容分析法显示出显著的实际效果,而且在方法上取得了一套模式。

20世纪50年代美国学者贝雷尔森(Berelson)在其著作《内容分析:传播研究的一种工具》中确立了内容分析法的地位,书中对内容分析法的定义至今被公认是关于内容分析的经典定义。在其确立的初期,当人们对新闻传播了解十分有限和不系统的情况下,所谓内容分析主要是对文字形式的报纸、杂志内容所作的分析。最早可以追溯到 18 世纪的美国对报纸的非宗教内容的分析。在中国,内容分析始于 1905~1907 年的《民报》和《新民丛报》的论战。随着传播研究的深入,内容分析方法逐渐从纯粹分析内容发展到具有统计推理和检定的较为复杂的统计分析过程。内容分析的对象是信息,通过对信息的分析来推测信源的目的、手段以及受众的理解和反应。

真正使内容分析方法系统化的是美国国务院顾问奈斯比特(J·Nesbitt),他主持出版的《趋势报告》就是运用了内容分析法,享誉全球的《大趋势》一书就是以这些报告为基础写成的。由于他的成功,内容分析方法的名声也随之大振。但是现代最早的内容分析学家当属 21 世纪 20 年代美国著名专栏作者李普曼(Lippmann)。他为证实美国新闻界存在着严重的失实弊端,以美国素有"公正""准确"声誉的《纽约时报》有关俄国十月革命的报道为例,进行了内容分析。与此同时,1927 年美国的政治学家哈罗德·拉斯维尔把统计定量方法引入内容分析,并以其《世界大战中的宣传技巧》的博士论文,开辟了科学研究大众传播过程和效果的先河。而在内容分析方法的使用上最富有成效的是社会学家史托弗和心理学家霍夫兰一起对军训法在提高美军作战士气和改变士兵对战争态度方面的效果研究。进入 20 世纪 60 年代以来,随着深度报道的不断增多,调查性报道和精确报道的崛起,内容分析方法更多地用于决策和预测。近年来,内容分析方法越来越多地应用于总统选举中的潜在内容(屏幕形象、手势、面部表情等等)的分析。目前内容分析方法已逐渐为社会科学研究所采用。

### (二) 内容分析法的概念

内容分析是大众传播研究的内容和方法之一,通过对大众传播内容和质量的分析,认识和判断某一时期的传播重点,对某些问题的倾向、态度、立场,以及传播内容在某一时期的变化规律等进行分析的方法。美国传播学者伯纳德·贝雷尔森在研究内容分析时指出:"内容分析是一种对传播内容进行客观、系统和定量描述的研究方法。"它实际上是一种半定量研究方法,其基本做法是把媒介上的文字、非量化的有交流价值的信息转化为定量的数据,建立有意义的类目分解交流内容,并以此来分析信息的某些特征。在进行内容分析时,研究者必须排除个人主观色彩,从现存的材料出发,追求共同的价值观;必须将所有的有关材料看成一个有机的整体,对材料进行全面、系统的研究;用数学统计方法,对所研究的材料进行量的分析。此外,内容分析也不应排除定性分析,即根据所得到的材料和数据进行一定的逻辑推理和哲学思辨。内容分析一般要经过选择、分类、统计等三个阶段,可采取以下三种做法:

(1) 记录或观察某一传播媒介在某一时期的传播内容;

(2) 对同一传播媒介在不同时期所报道的内容进行分析和比较；

(3) 对同一时期不同传播媒介就同一事件或同一题材所报道的内容、方式、方法等进行分析和比较，找出异同。

内容分析法的研究对象主要是各种文献，研究的内容是明显的传播内容，指以任何形态被记录和保存下来，并具有传播价值的内容，包括文字记录形态、非文字记录形态、影像记录形态等。内容分析法的研究目的是对信息内容加以归类统计，总结出各分析维度特征及相互关系，并根据研究目标进行比较，得出关于研究对象的趋势或特征、异同点等方面的结论。在教育教学活动中，我们可以利用内容分析法对教科书、参考资料、录音磁带、录像带、学生作业等进行内容分析，获得规律性认识。因而，内容分析法是教育教学研究中常用的一种研究方法。

## 二、内容分析法的类型

按照不同的维度，内容分析法有不同的类型：

### （一）按照分析对象不同划分

按照分析对象不同，内容分析不仅包括文本中的显性内容信息，也包括隐性内容信息。显性内容是可见的、表面内容，是与内容分析法相关的、文本信息中所包含的有形的词。隐性内容是指与内容分析法相关的、话语或图像背后所隐含的意义。隐性内容一般是间接通过外在信息中表现出来的这些事件现象或过程的特征、性质。

### （二）按照分析过程不同划分

按照分析过程不同，内容分析大致分为定量分析和定性分析两种。定量分析是用比较规范的方法读取相关的文本资料的内容，把文本资料上的文字、非量化的有交流价值的信息转化为定量的数据，建立有意义的类目分解交流内容，并以此来分析信息的某些特征。定性分析主要由研究者通过阅读、收听或观看，然后依靠主观的感受理解、体会和分析，来解读、判断和挖掘信息中所蕴含的本质内容。

### （三）按照研究者所寻求的信息形式不同划分

按照研究者所寻求的信息形式不同，内容分析法主要包括：

1. 主词法

主词法是内容分析中最简单、最常用的方法。这种方法使用时，首先确定与研究问题有关的关键词（记录单位），然后统计这些关键词在各个分析单位中出现的频数和百分比，最后进行比较分析。

２．概念组分析法

主词法主要是以单词作为记录单位，整体看来有些过于简单化。概念组分析法是将与研究内容有关的关键词分成小组。每组代表一个概念，同时也是理论假设中的一个变量。这种方法记录单位虽然仍是单词，但分析时的变量是概念组。

３．科学引证分析法

科学引证分析法是评定教育学家绩效和期刊影响的公认的有效手段。一种期刊的价值取决于它的影响力，而测量"影响力大小"的方法就是进行科学引证分析。一篇文献或一种期刊被他人正面引证的次数越多，说明其水平越高；被引证的范围越广，表明其价值越大。

**（四）按照研究方法和手段的不同划分**

１．解读式内容分析法

解读式内容分析法是一种通过精读、理解并阐释文本内容来传达意图的方法。"解读"的含义不只停留在对事实进行简单解说的层面上，而是从整体和更高的层次上把握文本内容的复杂背景和思想结构。从而发掘文本内容的真正意义。这种高层次的理解不是线性的，而是具有循环结构：单项内容只有在整体的背景环境下才能被理解，而对整体内容的理解反过来则是对各个单项内容理解的综合结果。这种方法强调真实、客观、全面地反映文本内容的本来意义，具有一定的深度，适用于以描述事实为目的的个案研究。但因其解读过程中不可避免的主观性和研究对象的单一性，其分析结果往往被认为是随机的、难以证实的，因而缺乏普遍性。

２．实验式内容分析法

实验式内容分析主要指定量内容分析和定性内容分析相结合的方法。20世纪20年代末，新闻界首次运用了定量内容分析法，将文本内容划分为特定类目，计算每类内容元素出现频率，描述明显的内容特征。该方法具有三个基本要素，即客观、系统、定量。用来作为计数单元的文本内容可以是单词、符号、主题、句子、段落或其他语法单元，也可以是一个笼统的"项目"或"时空"的概念。这些计数单元在文本中客观存在，其出现频率也是明显可查的，但这并不能保证分析结果的有效性和可靠性。一方面是因为统计变量的制订和对内容的评价分类仍由分析人员主观判定，难以制订标准，操作难度较大；另一方面计数对象也仅限于文本中明显的内容特征，而不能对潜在含义、写作动机、背景环境、对读者的影响等方面展开来进行推导，这无疑限制了该方法的应用价值。

３．定性内容分析法

定性内容分析法主要是对文本中各概念要素之间的联系及组织结构进行描述和推理性分析。举例来说，有一种常用于课本分析的"完形填空式"方法，即将同样的文本提供给不同的读者，或不同的文本提供给同一位读者，文本中被删掉了某些词,由受访者进行完形填空。通过这种方法来衡量文本的可读性和读者的理解情况,由于考虑到了各种可能性,其分析结果可以提供一些关于读者理解层次和能力的有用信息。与定量方法直观的数据化不同的是,定性方法强调通过全面深刻的理解和严密的逻辑推理,来传达文本内容。

4. 计算机辅助内容分析法

计算机技术的应用极大地推进了内容分析法的发展。无论是在定性内容分析法中出现的半自动内容分析,还是在定量内容分析法中出现的计算机辅助内容分析,都只存在术语名称上的差别,而实质上正是计算机技术将各种定性定量研究方法有效地结合起来的一种方法,它博采众长,使内容分析法取得了迅速推广和飞跃发展。互联网上也已出现了众多内容分析法的专门研究网站,还提供了不少可免费下载的内容分析软件,相关论坛在这方面的讨论也是热火朝天。

一般认为,任何一种科研方法都包含一定的定性步骤。比如,研究开始阶段要确定主题和调查对象,明确相关概念,制订研究计划;最后阶段还要针对研究的问题,解释实验结果。但是单纯的定性方法缺乏必要的客观依据,存在一定主观性和不确定性,说服力有限。因此,很多学者倡导将定性方法和定量方法结合起来,取长补短,相得益彰。定性定量相结合的内容分析法应具备以下几个要点:(1) 对问题有必要的认识基础和理论推导;(2) 客观地选择样本并进行复核;(3) 在整理资料过程中发展一个可靠而有效的分类体系;(4) 定量的分析实验数据,并做出正确的理解。

## 三、内容分析法的特点

内容分析法在方法上,注重客观、系统及量化;在范围上,不仅分析传播内容载有的信息,而且分析整个的传播过程;在价值上,不只是针对传播内容作阐释,而且要推断传播内容对整个传播过程发生的影响;在分析单位上,注重分析传播内容中的各种语言特性。其特点表现在以下三个方面:

1. 客观性

对传播信息进行分析时,须按操作化的分类标准将所有的研究内容加以归类。它减少了研究人员主观偏向对分类结果的影响,至少也将归类过程中的这种偏差限制在某种已知的范围内。这种分类操作方式的可重复性,也是其客观性特点的表现。

2. 系统性

这种研究不是只分析传播信息的个别片断,而是对相当长时间段内或者对相当广的范围内的传播信息进行整体研究。当整体过于庞大而无法逐一分析研究时,则采用科学方法,研究有代表性的样本,并由此达到认识整体的最终目的。这类研究的结论不是建立在支离破碎的引证之上,而是建立在对整体特征的把握和描述之上。

3. 定量性

对内容的分析和把握,最终以数量的形式表述。这种表述并不等于简单的或者纯粹的"数字化",而是通过传播内容"量"的变化分布来说明"质",从而使对"质"的把握更为准确。

另外,内容分析法的研究对象是"具有明确特性的传播内容"。"明确"意味所要计量的传播内容必须是明确、显而易见的,而不能是隐晦的、含糊不清或没有明确表达出来的。如果对传播内容的理解在研究者之间、研究者与受众之间很难达成共识,则不宜作为内容分析的对象,因为对这类内容进行计量非常困难。研究结果是描述性的,内容分析的结果常常表现为大量的数据表格、数字及分析,这是客观、系统和定量研究的必然结果。

## 四、内容分析法的优缺点

教育教学情境下的内容分析法是对教育文献直观的内容进行客观而有系统的分析,并进行量化描述的一种研究方法。内容分析法的优点与缺点表现如下:

### (一) 主要优点

内容分析法的优点包括以下方面:

1. 较为客观的研究方法

内容分析是一种规范的方法,对类目定义和操作规则十分明确与全面,它要求研究者根据预先设定的计划按步骤进行,研究者主观态度不太容易影响研究的结果;不同的研究者或同一研究者在不同时间里重复这个过程都应得到相同的结论,如果出现不同,就要考虑研究过程有什么问题。

2. 结构化研究

内容分析法目标明确,对分析过程高度控制,所有的参与者按照事先安排的方法程序操作执行,结构化的最大优点是结果便于量化与统计分析,便于用计算机模拟与处理相关数据。

3. 非接触研究

内容分析不以人为对象而以事物为对象,研究者与被研究事物之间没有任何互动,被研究的事物也不会对研究者做出反应,研究者主观态度不易干扰研究对象,这种非接触性研究比接触研究的效度高。

4. 定量与定性结合

这是内容分析法最根本的优点,它以定性研究为前提,找出能反映文献内容的一定本质的量的特征,并将它转化为定量的数据。但定量数据只不过把定性分析已经确定的关系性质转化成数学语言,不管数据多么完美无缺,它都仅是对事物现象方面的认识,不能取代定性研究。因此这种优点能够使文献内容所反映的"质"更深刻、更精确、更全面,得出科学、完整、符合事实的结论,获得一般从定性分析中难以找到的联系和规律。

5. 揭示文献的隐性内容

内容分析可以揭示文献内容的本质,查明几年来某专题的客观事实和变化趋势,追溯学术发展的轨迹,描述学术发展的历程;依据标准鉴别文献内容的优劣。其次,揭示宣传的技巧、策略,衡量文献内容的可读性,发现作者的个人风格,分辨不同时期的文献体裁类型特征,反映个人与团体的态度、兴趣,获取政治、军事和经济情报;揭示大众关注的焦点等等。

## (二) 主要缺点

内容分析法的缺点包括以下方面:

(1) 内容分析法只适合研究那些明确的、显在的传播内容,在处理意识形态、观念、价值、意义这些含义精妙的概念方面比较薄弱。

(2) 内容分析法研究过程中,编码是内容分析的关键步骤,而对大量内容进行分类和编码,比较繁琐,工作量较大。

(3) 内容分析法只能够研究那些被记录和流传下来的传播内容,当需要获得的传播内容超出了研究者能力范围的时候,就无法采用内容分析。

(4) 内容分析法的内在效度不高,因为人为的编码过程会产生误差。

(5) 内容分析法是对传播内容的描述,最多能够证明变量之间的相关关系,很少能够揭示因果关系。

## 五、内容分析法与文献法的比较

文献研究法主要指搜集、鉴别、整理文献,并通过对文献的研究,形成对事实科学认识的方法。内容分析法通过对文献的定量分析、统计描述来实现对事实的科学认识。内容分析法与文献法都是将用文字、图形、符号、声频、视频等记录保存下来的资料内容作为分析对象,都不与文献中记载的人与事直接接触,因此,又称为非接触性研究方法,但是两者有一定区别。

二者的区别是在分析的重点与分析的手段上有所不同。内容分析法将非定量的文献材料转化为定量的数据,是直接对单个文献样本作技术性处理,将其内容分解为若干分析单元,评判单元内容所表现的事实,并作出定量的统计描述,依据这些数据对文献内容作出定量分析和关于事实的判断和推论。而且,它对组成文献的因素与结构的分析更为细致和程序化。而文献分析是按某一研究对象课题的需要,对一系列文献进行比较、分析、综合,从中提炼理论观点。

## 第二节 内容分析法的设计与实施

内容分析法应包括两方面,一是如何对一份内容资料进行分析以取得量化的结果;二是如何根据课题的需要,设计选择系统化分析的模式,合理地把各种内容分析的量化结果加以比较,并定量地说明研究的结果。作为一种独立的研究方法,内容分析法有一套严格的程序,包括建立研究目标、设计分析维度、确定分析单位及范围、文献抽样、量化处理、信度分析、统计处理七部分。

### (一) 建立研究目标

在教育科学研究中,内容分析法可用于多种研究目标的研究工作。主要的类型有:趋势分析、现状分析、比较分析、意向分析。

### (二) 设计分析维度

分析维度(分析类目)是根据研究需要而设计的将资料内容进行分类的项目和标准。

设计分析维度、类别有两种基本方法,一是采用现成的分析维度系统,二是研究者根据研究目标自行设计。

第一种方法:先让两人根据同一标准,独立编录同样用途的维度、类别,然后计算两者之间的信度,并据此共同讨论标准,再进行编录,直到对分析维度系统有基本一致的理解为止。最后,还需要让两者用该系统编录几个新的材料,并计算评分者的信度,如果结果满意,则可用此编录其余的材料。

第二种方法:首先熟悉、分析有关材料,并在此基础上制订初步的分析维度,然后对其进行试用,了解其可行性、适用性与合理性,之后再进行修订、试用,直至发展出客观性较强的分析维度为止。

一般情况下,分析类目可以尽量设计得细一些,而不宜"粗放"。如果在获得数据后发现分类过细,可合并。如分类过粗,就无法把粗的分类拆分成细的,会为研究带来很多不便。

设计分析维度遵循的基本原则:(1)分类必须完全、彻底、能适合于所有分析材料,使所有分析单位都可归入相应的类别,不能出现无处可归的现象。(2)在分类中,应使用同一个分类标准,即只能从众多属性中选取一个作为分类依据。(3)分类的层次必须明确、逐级展开,不能越级和出现层次混淆的现象。(4)分析类别(维度)必须在进行具体评判记录前事先确定。(5)在设计分析维度时应考虑如何对内容分析结果进行定量分析,即考虑到使结果适合数据处理的问题。

### (三) 确定分析单位及范围

在教育教学研究中,研究者对文献资料进行内容分析时,用来检视文献资源的最小单位就是分析单位。分析单位的确定具有重要意义,它直接影响设计分析维度和材料的取样。分析单位如果是论文就应在论文中取样。在教育教学研究中,运用内容分析法对教育文献进行分析时常有 5 种分析单位:① 单个字;② 句子或段落;③ 整篇文献资料;④ 人物;⑤ 主题。采用哪一种分析单位要依据研究的目的和文献的数量而定。如果分析的资料繁杂,就可以采用"整篇文献"作为分析单位。

分析范围也称为语境单位,是文献资料中足以显示分析单位意义的范围。无论研究者采用哪一种研究单位,都必须有一个能包括"分析单位"的"分析范围"。

### (四) 文献抽样

文献抽样就是对要进行内容分析的文献进行样本抽取。对由于总体太大带来的研究中的分析材料过多、操作困难的情况,可以采用随机抽样的方法,从总体中抽取样本进行内容分析。抽样工作包括两个方面的内容:一是界定总体,二是从总体中抽取有代表性的样本。进行文献抽样时首先要决定文献的总体,然后运用各种抽样方法进行随机抽样。文献的总体必须符合抽样条件限制的所有内容,不能随意扩大或缩小文献抽样的总体。同时要注意文献总体的特殊性,文献总体的特殊性是指要选取与所要分析的内容相关的材料。内容分析法常用的三种抽样方式是:来源取样、日期抽样、分析单位取样。

### (五) 量化处理

量化处理是把样本从形式上转化为数据化形式的过程,包括作评判记录和进行信度分析两部分内容。评判记录是根据已确定的分析维度(类目)和分析单位对样本中的信息作分类记录,登记每个分析单位中分析维度(类目)是否存在及出现的频率。要做好评判记录工作,需要注意以下几个方面:

(1) 按照分析维度(类目)用量化方式记录研究对象在各个分析维度(类目)的量化数据(例如,有、无、数字形式、百分比)。

(2) 采用事先设计好的易于统计分析的评判记录表记录。先把每一分析维度的情况逐一登记下来,然后再做出总计。

(3) 相同分析维度的评判必须有两个以上的评判员分别作出记录,以便进行信度检验。评判记录的结果必须是数字形式。

(4) 在根据类目出现频数进行判断记录时,不要忽略基数。

具体来讲,在内容分析法中,常用的使文献资料数量化的方法有四种:

(1) 判定某类别是否出现,即考察某个类别在文献中是否出现,如果出现一次就记录一次。

(2) 统计频数,即统计每一个类别所占的百分比,这是应用最广泛的点算方法,比判定类别是否出现能提供更多的信息。

(3) 空间(或时间)数额,即类别出现所占的空间位置、数量等。

(4) 陈述的强度和力量,即陈述语气的强弱,如在英语教学研究中,运用实验法是否妥当的问题上,有主张、反对、极力反对等几种意见。

### (六) 信度分析

内容分析法的信度指两个或两个以上的研究者按照相同的分析维度,对同一材料进行评判结果的一致性程度分析,它是保证内容分析结果可靠性、客观性的重要指标。

内容分析法的信度分析的基本过程:首先对评判者进行培训;由两个或两个以上的评判者,按照相同的分析维度,对同一材料独立进行评判分析;对他们各自的评判结果使用信度公式进行信度系数计算;根据评判与计算结果修订分析维度(即评判系统)或对评判者进行培训。重复评判过程,直到取得可接受的信度为止。

### (七) 统计处理

对评比判结果(所获得数据)进行统计处理。描述各分析维度(类目)特征及相互关系,并根据研究目标进行比较,得出关于研究对象的趋势或特征、异同点等方面的结论。

## 案例展示

案例背景:《微视频教学反馈视角下的职前英语教师反馈能力研究》论文由湖北师范大学梅奇撰写。该研究通过内容分析法、反思日记法等研究方法,以微视频教学过程中的反馈环节为切入点,探讨在教师反馈与同伴反馈的背景下,职前英语教师反思能力的变化。梅奇指出微视频教学是广大高等师范院校用于培养职前教师教学技能的重要方法。在职前教师众多教学技能中,教育界学者认为培养职前教师的教学反思能力尤其重要。如何培养职前教师反思能力?目前,学界并没有统一、具体的方案。研究者希望该研究能够引起高等师范院校的师生对微视频教学中反馈环节的重视,促进职前教师结合教师反馈与同伴反馈进行教学反思。

一、基于内容分析的研究设计

(一) 研究对象

研究对象 S、K 选自湖北师范大学外国语学院 16 级学科教学(英语)专业在读研究生,均无教学经验。其中 S 为教师组,K 为同伴组。教师组成员除研究对象 S 外,还包括在职教师 G 和 Q。教师 G 就职于某师范院校外国语学院,教龄约为 30

年,职称:教授;教师L为某公立中学英语教师,教龄约为11年,职称:中一。同伴组成员除K外,还有两名学生Y和L,均为湖北师范大学16级学科教学(英语)专业在读研究生,无教学经验。研究对象S和K完成三轮微视频教学录制。教师组由指导教师G和Q对S的微视频教学进行反馈;同伴组由同伴Y和L对K的微视频教学进行研讨、评价。

(二)研究方法

该论文采用的是实验式内容分析法,通过将反馈与反思文本信息进行归类,然后计算出每类文本信息的频率,最后描述其内在特征。

内容分析法是对研究对象的内容进行客观、系统、量化分析与质性分析相结合的一种更科学的研究方法。内容分析法分为解读式内容分析法、实验式内容分析法、计算机内容分析法。解读式内容分析法是通过反复阅读、理解文本信息,来传达作者意图的方法。实验式内容分析法是一种定量与定性相结合的研究方法,主要通过对文本信息归类,并计算每类内容出现的频率,从而描述其特征。计算机内容分析法,是指在计算机技术辅助下,对文本内容进行定量研究,如各种内容分析软件的一种方法。

(三)研究思路与实施

本研究分为三阶段:初试阶段、调整阶段、检验阶段。笔者运用录像、录音、反思日记等方式记录三个阶段中微视频教学全过程。首先分析微视频教学中教师与同伴对职前英语教师微视频教学的反馈,探讨教师与同伴反馈内容之间的区别。其次,从反思内容、反思层次、反思过程三个维度分析职前英语教师的教学反思日记,探寻在教师与同伴反馈的背景下,职前英语教师反思能力的具体变化。

(四)数据收集与分析

1. 反馈内容

职前英语教师授课全过程均被录像工具完整记录。授课结束后,教师、同伴观看研究对象的微视频教学并提供反馈,所有的反馈均被录音资料完整记录,并转写成电子档形式保存。三轮微视频教学过后,共计有12篇反馈文档。

研究采用郝志军在《中小学课堂教学评价的反思与建构》中的"6个维度,13个指标要素"的课堂教学评价框架表,分析12篇反馈文档。将该12篇反馈文档中的反馈建议进行拆分,然后进行分类编码。最后与郝志军所提出的课堂教学评价框架表相结合,由此分析出教师反馈、同伴反馈的特征以及背后隐含意义。

2. 教学反思日记

每次教师或同伴反馈结束后,研究对象被要求撰写反思日记。三轮教师、同伴反馈过后,共收集到6篇教学反思日记的电子档。其中研究对象S与K各3篇。

研究运用底亚楠在《基于博客的教师教学反思研究》中用于分析教学反思内容的分析框架,分析该6篇教学反思日记。包括对反思内容、反思层次以及反思过程的分析。反思内容包括五种类型:课堂教学、学生发展、教师发展、教育改革、人际关系。反思的层次有：技术性反思、理解性反思、批判性反思。其中技术性反思，即描述教学行为、教学现象等方面进行的反思，反思自身的表现与外部的标准是否一致。理解性反思，指针对教师价值观、教学信念、教学理念，学生学习水平、学习特点等方面进行的反思，并且，反思者较重视教学行为背后教育理念等方面的知识。批判性反思，即反思者根据社会道德，对教育政策、改革等方面进行的反思，该反思与社会政治密切相关。

反思过程分为：发现问题、描述问题、分析问题。发现问题的反思起因一般分为感触与问题，即对教学现象的感触，对教学问题发现与解决。描述问题即反思内容不描述、简单概括性的描述、详尽的描述教学活动。分析问题，即寻找问题发生的原因和结果，揭示其背后的宣称理论和使用理论。从以上3个维度展开：反思内容、反思层次、反思过程，深入探究在教师反馈、同伴反馈的背景下，职前英语教师反思能力的变化轨迹。

二、研究结论

该研究将反馈与反思的文本资料进行详细的定性以及定量分析，旨在解释教师与同伴反馈呈现的特点，以及在教师与同伴反馈的背景下，职前英语教师反思能力的具体变化。

1. 教师反馈的特点

教师反馈涉及的内容有教师与课程、教师与学生、学生与课程、学生与学生、教师与课堂文化五个维度。首先教师与课程维度，教师反馈主要为教学技能的运用、教学目标是否明确、教学内容设计是否合理三个方面。教师与学生维度，教师反馈大致为教师进行活动引导时是否明确。学生与课程维度，教师主要对学习效果以及学习方式进行评价、反馈。学生与学生维度，教师反馈集中于合作研讨指标要素，即对学生之间是否进行有效地合作学习进行反馈。教师与课堂文化维度，教师对课堂整体的氛围进行反馈。

2. 同伴反馈的特点

同伴反馈主要涉及教师与课程维度和教师与学生维度。教师与课程维度，同伴对教学技能的使用，教学内容结构是否明确合理，教学目标是否具体、可测进行反馈。教师与学生维度，同伴主要关注职前英语教师K对教学活动的引导进行反馈。

3. 研究对象S反思能力变化特点

在教师反馈的前提下，研究对象S的反思能力得到提升。其反思内容在初试阶段以课堂教学与教师发展为主，调整阶段主要为课堂教学，学生发展与教师发展，检验阶段主要为课堂教学与学生发展。其反思层次，在初试阶段以技术性反思为主，到调整阶段与检验阶段以理解性反思为主。其反思过程，描述问题多于发现问题和分析问题，此外，其分析问题的频率在检验阶段中有所提升。

4. 研究对象K反思能力变化特点

在同伴反馈的背景下,研究对象 K 的反思能力同样有所提高。其反思内容在初试阶段以课堂教学为主,调整阶段与检验阶段都以教师发展为主。其反思层次有所提升,在初试阶段,研究对象 K 的反思层次主要停留在技术性反思层次;在调整阶段,逐步提升至理解性反思层次;在检验阶段,其反思层次主要以批判性反思层次为主。同样,研究对象 K 的反思过程以描述问题为主,发现问题与分析问题为辅。其中在检验阶段,分析问题的次数明显增多。证实在此行动研究过程中,同伴反馈同伴可促进职前英语教师反思能力的发展。

总体来看,结果显示,教师反馈内容涉及教师与课程、教师与学生、学生与课程、学生与学生、教师与课堂文化五个维度;同伴反馈内容则主要为教师与课程、教师与学生两个维度。在此两种反馈方式的前提下,两位职前英语教师的反思能力皆有所提升。其中,职前英语教师 S 在教师反馈的前提下,反思内容主要有课堂教学、学生发展、教师发展三个方面;职前英语教师 K 在同伴反馈的前提下,反思内容主要有课堂教学与教师发展两个方面。除此之外,两名职前英语教师反思层次皆由技术性反思逐步转变为理解性反思;反思过程都以描述性问题为主,发现问题为辅,分析问题的次数逐步有所增加。

(资料来源:梅奇.微视频教学反馈视角下的职前英语教师反馈能力研究[D].黄石:湖北师范大学,2018.)

# 参 考 文 献

[1] Burns A. Doing action research in English language teaching: a guide for practitioners[M]. 北京:英语教学与研究出版社,2011.

[2] AR, Feinstein. Meta-analysis: Statistical alchemy for the 21st century [J]. J Clin Epidemiology, 1995, 48: 71-79.

[3] Barkhuizen G, Benson P, Chic A. Narrative inquiry in language teaching and learning research[M]. New York: Routledge, 2014.

[4] Glass G V. Primary, secondary and meta-analysis of research [J]. Education Research, 1976, 6 (5): 38.

[5] Renevnold H D. The ialogues of teacher education: entering and influencing pre-service teachers' internal conversation[M]. New York: Teacher College Press, 1991.

[6] Michael J, Wallace. Action research for language teachers[M]. 北京:人民教育出版社,2000.

[7] Milos J. Meta-analysis in medicine where we are and where we want to go [J]. Journal of Clinical Epidemiology, 1989, 42 (1): 35-41.

[8] Thacker S B. Meta-analysis: a quantitative approach to research integration [J]. AMA, 1988, 259 (11): 1685.

[9] Whitehead A, Whitehead J. A general parametric approach to the meta-analysis of randomized clinical trials [J]. Statistics in Medicine, 1991, 10 (11): 1665-1677.

[10] Yin, Robert K. Case study research: design and methods[M]. 2nd ed. London: Sage, 1994.

[11] 陈坚林. 现代英语教学研究:理论与方法[M]. 上海:上海英语教育出版社,2004.

[12] 陈坚林. 计算机网络与英语课程的整合[M]. 上海:上海英语教育出版社,2010.

[13] 陈娟. 母语负迁移对初中英语写作句法的影响及对策研究[D]. 重庆:西南大学,2020.

[14] 陈向明. 质的研究方法与社会科学研究[M]. 北京:教育科学出版社,2000.

[15] 陈向明.教师如何做质的研究[M].北京:教育科学出版社,2001.
[16] 崔琳琳.理解教师学习:关于四位新手中学英语教师的叙事探究[M].北京:英语教学与研究出版社,2014.
[17] 伯恩斯.英语教学中的行动研究方法[M].北京:英语教学与研究出版社,2011.
[18] 邵光华,张振新.教育研究方法[M].北京:高等教育出版社,2012.
[19] 何量仆,谌业锋.学校科研指南:教师如何参与教育科研[M].成都:电子科技大学出版社,2001.
[20] 华国栋.教育研究方法[M].南京:南京大学出版社,2012.
[21] 华莱士.语言教师行动研究[M].北京:人民教育出版社,2000.
[22] 黄芳.大学生批判性思维能力培养实践探索[M].青岛:中国海洋大学出版社,2016.
[23] 李礼.高校英语教师学习干预个案研究[D].黄石:湖北师范大学,2018.
[24] 刘晶.高校英语教师专业身份发展叙事探究[D].上海:上海外国语大学,2019.
[25] 刘倩.新西兰儿童汉语词汇教学行动研究[D].上海:上海外国语大学,2018.
[26] 鲁胜全.教师如何进行教育科学研究[M].乌鲁木齐:新疆青少年出版社,2009:93-97.
[27] 陆宏纲,林展.个案研究:教育研究范式的新转向[J].中国石油大学学报,2007(23):93-97.
[28] 秦晓晴.英语教学问卷调查法[M].北京:英语教学与研究出版社,2009.
[29] 潘慧玲.教育研究的取经概念与应用[M].上海:华东师范大学出版社,2005.
[30] 威廉·维尔斯曼.教育研究方法导论[M].袁振国,译.北京:教育科学出版社,1997.
[31] 文秋芳,韩少杰.英语教学研究方法与案例分析[M].上海:上海英语教育出版社,2011.
[32] 王蔷,张虹.英语教师行动研究[M].北京:英语教学与研究出版社,2014.
[33] 夏凌翔.元分析及其在社会科学研究中的应用[J],西北师范大学学报.2005(5):55-58.
[34] 夏凌翔.元分析方法的几个基本问题[J].山西师大学报(社会科学书版),2005(3):34.
[35] 许宏晨.第二语言研究中的统计案例分析[M].北京:英语教学与研究出版社,2013.
[36] 汪利兵.教育行动研究:意义、制度与方法[M].杭州:浙江大学出版

社,2003.
[37] 王美琪.高中英语阅读课堂教师提问的调查研究[D].延安:延安大学,2020.
[38] 王小港.认知语境视阈下高中英语词汇教学策略研究[D].延安:延安大学,2020.
[39] 王晓亚.高中英语课堂中国文化教学现状调查[D].上海:华东师范大学,2020.
[40] 杨小微,李伟胜,李方.教育研究的原理与方法[M].上海:华东师范大学出版社,2010.
[41] 应国瑞.案例学习研究:设计与方法[M].广州:中山大学出版社,2003.
[42] 曾艳.国内十年焦虑与学业成绩关系研究的元分析[D].南昌:江西师范大学,2008.
[43] 张景焕,陈月茹,郭玉峰.教育科学方法论[M].济南:山东人民出版社,2000.
[44] 张思琦.国际汉语教材研究的内容与趋势分析:以两部语言类核心期刊为例[D].北京:中央民族大学,2018.
[45] 张湘洛.教育科学研究方法[M].北京:国家行政学院出版社,2013.